KB206219

교양으로 읽는
세계종교

인간과 세계와 종교 이야기

교양으로 읽는
세계 종교

류상태 지음

인물과
사상사

종교를 갖는 것은 선택,
종교의 세계를 이해하는 것은 필수

한국의 국보급 문화재 가운데는 불교와 관계된 것이 많다. 불국사, 석굴암, 팔만대장경은 세계문화유산으로 평가받는다. 그렇지만 한국을 불교 국가라고 하지는 않는다. 규모가 중요한 것은 아니지만 한국에는 대형 교회가 많다. 서울 여의도 순복음교회는 세계에서 가장 큰 단일 교회로 알려져 있다. 신도 수 1만 명이 넘는 교회도 수십 개에 이른다. 미국보다도 많다. 그렇다고 한국을 그리스도교 국가라고 하지 않는다. 불교와 그리스도교가 한국인의 종교로 굳게 자리매김했지만 아직도 한국인의 의식구조에는 유교적 가치관이 깊이 뿌리내리고 있다. 전통적으로 조상을 공경하고 부모에게 효도하며 손윗사람에게 깍듯이 대하는 한국인 특유의 정서는 여전히 이어지고 있다. 또한 명절이면 정성들여 차례를 지내는 사람이 아직도 많다. 그렇다고 한국을 유교 국가라고 하지도 않는다.

한국을 방문한 어느 종교학자가 "한국은 종교 박물관"이라고 말했다. 전통 무속이 있는가 하면 불교, 유교, 그리스도교 등 세계종교가 공존한다. 한국 사회의 이런 다종교 상황은 우리에게 커다란 자산인 동시에 갈등의 씨앗이 될 수도 있다. 우리 역사에서 종교 간 갈등이 없지는 않았지만 큰 분란으로 번져 종교전쟁을 치른 적은 없다. 이것은 세계 역사에 비추어볼 때 기적에 가깝다. 비등한 세력의 종교가 한 나라에서 오래도록 공존한 사례를 찾기가 쉽지 않기 때문이다.

미국 CIA에서 발표한 2010년 기준 자료에 따르면 세계 인구 가운데 그리스도인 31.4퍼센트, 이슬람교인 23.2퍼센트, 힌두교인 15퍼센트, 불교인 7.1퍼센트라고 한다. 2명 중 1명은 그리스도인이거나 이슬람교인이고 4명 중 3명은 세계의 4대 종교 가운데 하나를 믿고 살아가는 것이다. 다른 종교를 믿거나 아무것도 믿지 않는 사람은 23.3퍼센트에 불과하다. 이렇게 되면 종교를 갖느냐 마느냐는 선택 사항이지만, 종교의 세계를 이해하는 것은 현대인의 필수 사항이 된다.

하지만 종교는 절대적 신념 체계다. 다른 신념 체계와 공존하려면 많은 노력과 이해가 필요하다. 그러므로 우리는 세계의 종교들을 폭넓게 이해할 필요가 있다. 종교를 가진 사람은 자기 종교뿐 아니라 이웃 종교도 존경심을 갖고 알아보면 좋을 것이다. 종교가 없는 사람도 세계종교와 함께 우리와 밀접한 관련이 있는 종교들을 이해할 필요가 있다. 어느 나라, 어느 민족이건 그 문화와 문명의 중심에는 종교가 자리하고 있기 때문이다.

나는 이 책에서 종교의 세계를 한눈에 알아볼 수 있도록 쉽고 간결하게 쓰려고 노력했다. 그러면서도 세계의 종교들을 빠짐없이 소개

할 뿐 아니라 동아시아와 한국의 종교에 대해서도 충분히 소개하고 싶었다. 한국인에게 동아시아 문명과 문화는 어머니의 품과도 같은 것이기 때문이다.

종교가 우리 인생과 세상에 끼친 아름다운 정신적 유산과 의미뿐 아니라 인류가 지나온 역사에서 종교라는 이름 아래 저지른 죄악을 고발하는 데도 주저하지 않았다. 종교의 순기능뿐 아니라 역기능도 함께 알아야 우리 사회에서 종교가 빚어낼 수 있는 갈등을 극복하고 종교로 말미암은 풍요롭고 아름다운 삶을 함께 누릴 수 있다고 생각하기 때문이다.

종교는 삶이며 체험이다. 이론만으로는 범접할 수 없는 그 무엇이 있다. 내가 깊고 심오한 영성을 가진 이웃 종교들을 함부로 언급해, 각 종교가 갖고 있는 독특한 아름다움을 훼손하는 것은 아닌지 두렵기도 하다.

2017년 1월
경기도 일산 탄현동
내 작은 글방에서

류상태

contents

유대교

신
야훼(유일신. 전지전능한 인격신
이며 창조주)

신자 수
1,400~1,500만 명

주요 분포 지역
북아메리카, 이스라엘, 러시아, 유럽 등

 ## 시작 시기
서기전 13세기(지금의 유
대교적 특징을 갖춘 때는 서
기전 5~6세기)

 ## 경전
『히브리성서』(그리스
도교의 『구약성서』)

 ## 대표적 기념일
안식일(매주 토요일)
유월절(이집트 탈출을 기념하는 날,
유대력 정월 14일)
대속죄일(민족적 속죄일, 유대력 7월
10일)
장막절(추수 후 감사 축제일, 유대력
7월 15일부터 일주일)

 ## 대표적 위인들
아브라함(유대교, 그리스도교, 이슬람교의 공통 조상)
모세(이스라엘 민족의 해방자며 영도자)
다윗(이스라엘의 가장 강력한 왕)
이사야(기득권에 맞서 신의 뜻을 전한 대표적 예언자)
에스라(포로기 이후 유대교를 재건한 학자 겸 지도자)

대표적 분파
아슈케나짐(주로 유럽 중심부와 동유럽에 거주)
세파르딤(주로 스페인과 포르투갈에 거주)

그리스도교

신
삼위일체 하느님(유대교의 야훼와 같은 신이지만 성부 · 성자 · 성령 세 위격으로 존재)

신자 수
약 21억 명
(가톨릭 12억 명, 정교회 5억 명, 성공회 포함 개신교 4억 명)

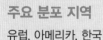
주요 분포 지역
유럽, 아메리카, 한국

시작 시기
서기전 4년경
예수 탄생 이후

경전
그리스도교 『성서』

대표적 기념일
주일(매주 일요일. 예수가 부활한 안식 후 첫째 날)
부활절(예수 부활을 기념하는 날, 춘분 후 첫 만월이 지난 일요일)
성탄절(예수 탄생을 기념하는 축제일, 12월 25일)

역사적 위인들
예수(그리스도교의 창시자)
베드로(예수의 수제자)
바울(그리스도교 교리의 초석을 놓은 인물)
아우구스티누스(고대 그리스도교 신학의 아버지)
성 프란치스코(중세 가톨릭 영성을 꽃피운 인물)
마르틴 루터(프로테스탄트의 시조)

대표적 분파
가톨릭, 정교회, 개신교(성공회 포함)

이슬람교

신
알라(유대교의 야훼, 그리스도교의 하느님과 같은 신이지만 삼위일체는 거부)

신자 수
17~18억 명

주요 분포 지역
아라비아, 북아프리카, 중앙아시아, 동남아시아

시작 시기
서기 610년(예언자 무함마드가 알라의 계시를 받은 해)

경전
『꾸란』

대표적 기념일
안식일(매주 금요일)
라마단(금식의 달, 이슬람력 9월)
하지(순례의 날, 이슬람력 12월 7~12일)
시아파의 아슈라(이맘 후세인의 순교를 애도하는 날, 이슬람력 정월 10일)

대표적 위인들
무함마드(이슬람교의 창시자)
알 가잘리(이슬람 영성 운동 수피의 시조)
살라딘(십자군 전쟁 때의 이슬람 영웅)

대표적 분파
수니파(이슬람의 주류, 전 세계 무슬림의 약 85퍼센트)
시아파(제4대 칼리프 알리를 따르는 무슬림, 약 15퍼센트)
수피(알라와 합일을 추구하는 신비주의자)

힌두교

신 또는 궁극
브라흐마(창조의 신), 비슈누(유지의 신), 시바(파괴 또는 재창조의 신) 등

신자 수
약 9억 명

주요 분포 지역
인도, 네팔

시작 시기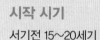
서기전 15~20세기

경전
베다, 『브라흐마나』, 『우파니샤드』 등

대표적 기념일
봄의 축제(젊음과 사랑의 신 카마를 기리는 날, 음력 2~3월)
라마 탄생제(비슈누의 화신 라마의 탄생을 기리는 날) 등

역사적 위인들
샹카라(힌두교 철학의 중심인 베단타학파의 시조)
타고르(베단타 전통을 따랐던 근대 인도의 시성)
마하트마 간디(힌두교를 기반으로 이슬람교와 그리스도교 등 세계의 종교를 아우르고 조화시킨 인도의 정신적 지도자)

대표적 분파
비슈누파, 시바파, 샥티파, 스마르타파 등(힌두교의 신 중 어느 신을 섬기느냐에 따라 구분)
베단타학파(특정 신을 섬기기보다 사색을 통해 궁극실재인 브라만과의 합일을 추구)

불교

신 또는 궁극
니르바나(열반), 부처, 공, 법

신자 수
4억 명

주요 분포 지역
동북아시아, 동남아시아

시작 시기
서기전 6세기

경전
아함경(소승불교),
『반야경』, 『법화경』,
『화엄경』, 『아미타경』 등

대표적 기념일

부처님 오신 날(4월 초파일)

대표적 위인들

싯다르타(불교의 창시자)
나가르주나('용수'로 알려진 인도 대승불교 중 중
관학파의 시조)
달마선사(중국 선불교의 시조)
원효대사(한국 불교 사상의 초석을 놓은 인물)

대표적 분파
소승불교, 대승불교, 밀의불교, 티베트불교

자이나교와 시크교

 신 또는 궁극
니르바나(열반)

 신 또는 궁극
거룩한 이름(이슬람의 알라)

신자 수
370만 명

신자 수
2,300만 명

시작 시기
서기전 6세기

시작 시기
16세기

경전
45부로 이루어진 『자이나 경전』

경전
『아디 그란트』

역사적 위인들
마하비라(자이나교의 창시자)

역사적 위인들
나나크(시크교의 창시자)

대표적 분파
스베탐바라파(백의파)
디감바라파(천의파)

주요 분포 지역
인도, 캐나다

주요 분포 지역
인도

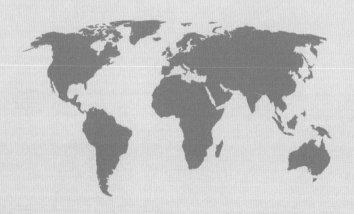

유교와 도교

유교

신 또는 궁극
이(理)와 기(氣), 또는
옥황상제

시작 시기
서기전 6세기

경전
『논어』, 『맹자』, 『대학』, 『중용』 등

역사적 위인들
공자(유교의 창시자)
맹자(유교의 체계를 수립한 인물)
순자(유교에 도교철학을 접합시킨 인물)
주자(주자학의 시조)

대표적 분파
양명학파, 주자학파

주요 분포 지역
중국, 한국, 일본

도교

신 또는 궁극
도(道) 또는 원시천존, 옥황
상제

시작 시기
서기전 6세기

경전
『도덕경』
도장(신앙체계로서의 도교 경전을 총칭)

역사적 위인들
노자(도교의 창시자)
장자(도교의 체계를 수립한 인물)
장도릉(신앙체계로서의 도교를 창시한 인물)

주요 분포 지역
중국, 한국, 일본

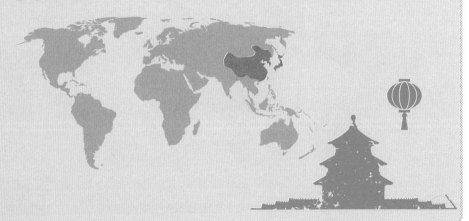

신도

신
아마테라스 등 약 800만

신자 수
약 400만 명

주요 분포 지역
일본

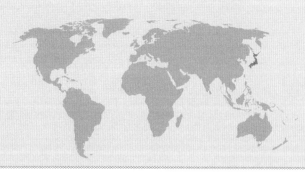

한국의 신흥종교

	천도교	대종교	원불교	증산교
신 또는 궁극	한울	단군	일원상 진리	강일순 상제 등
주요 분포 지역	한국	한국	한국, 유럽과 북미 지역에 진출	한국
시작 시기	19세기 말	1909년	1916년	1901년
경전	『천도교 경전』	『삼일신고』 등	『정전』, 『대종경』 등	『대순전경』 등
대표적 분파				증산도, 대순진리회
기념일		개천절		화천절
역사적 위인들	최제우 최시형 손병희	나철(창시자) 김좌진 이범석 등 독립군 지도자들	소태산(창시자) 정산(2대 교주)	강일순(창시자)

* 일러두기

1. '기원전(紀元前)'이라는 말이 보편적으로 쓰이지만 이 책에서는 '서기전(西紀前)'이라는 표현을 썼다. 역사를 A. D.(Anno Domini, After Divine)와 B. C.(Before Christ)로 나누는 것은 서양의 그리스도교 문화에서 온 것이므로 '기원전'이라는 표현보다 '서기전'이라는 표현이 적확하다고 생각하기 때문이다.

2. '기독교', '기독교인'이라는 표현도 쓸 수 있지만 이 책에서는 모두 '그리스도교', '그리스도인'으로 표기했다. 우리나라에서는 '기독교'를 '개신교'와 동의어로 쓰는 관행이 있기 때문에 구별을 명확히 하기 위해서다.

3. 우리나라에서 그리스도교의 신에 대한 명칭으로 가톨릭에서는 '하느님', 개신교에서는 '하나님'을 주로 쓰지만, 이 책에서는 '하느님'으로 표기했다. 개신교에서는 신의 유일성을 반영하는 표현으로 '하나님'을 선호하는 경향이 있으나, 그 어원은 신의 존엄성을 담은 '하늘님'이며, 현대어 표기는 '하늘님'이므로 '하느님'이라는 표현이 본래의 뜻에 가깝다고 생각하기 때문이다.

4. 이슬람 경전에 관한 표기는 『코란』이 표준어지만 더 정확한 발음은 『꾸란』이고, 무엇보다 이슬람교인들이 이를 정확하게 발음해주기를 원하기 때문에 그 뜻을 존중하는 의미에서 『꾸란』으로 표기했다.

5. 그리스도교 『성서』의 본문을 인용하는 경우에는, 개신교와 가톨릭이 공동으로 번역한 『공동번역 성서 개정판』을 따랐다.

1

우리가 종교를 알아야 하는 이유

1

20세기 최대의 사건

∞ 토인비의 예언

역사학자 아널드 토인비*는 세상을 떠나기 몇 해 전에, 교수로 일했던 영국 옥스퍼드대학 학술회의에서 긴 연설을 했다. 수많은 학자와 학생, 언론인이 참석한 이 자리에서 토인비의 연설이 끝난 후 누군가 그에게 질문했다.

---

* 아널드 토인비(Arnold Joseph Toynbee, 1889~1975)
영국의 역사학자로 런던에서 태어나 옥스퍼드대학에서 고전고대사를 전공하고 왕립 국제문제연구소 연구부장, 런던대학 국제사 연구교수로 재직했다. 『역사의 연구』는 고대와 현대를 연결하는 세계사를 포괄적으로 다룬 걸작으로 평가받고 있다. 토인비는 이 책에서 새로운 문명 사관을 제시하며, 19세기 이후의 전통 사학에 정면으로 도전함으로써 새로운 역사학의 길을 개척했다.

"아널드 선생님, 선생님은 오늘날 가장 위대한 역사학자로 존경받고 있습니다. 만약 200~300년 뒤의 역사가들이 20세기 가장 중요한 사건을 꼽으라고 한다면 무엇을 선택하리라고 생각하십니까? 제2차 세계대전일까요? 히틀러의 대량 학살일까요? 아니면 공산주의의 발흥이나 여성 인권의 신장일까요? 우리 시대 최고의 사건은 과연 무엇일까요?"

토인비는 주저하지 않고 이렇게 말했다. "동양의 불교가 서양으로 건너온 일이지요." 의외의 답변에 청중은 할 말을 잃었고 이렇게 수군거리는 사람도 있었다고 한다. "질문의 뜻을 이해하지 못한 것 같군. 나이는 어쩔 수 없는 모양이야." 그 후 40여 년이 지난 지금, 토인비가 내다본 미래가 정확하게 지구 마을을 찾아왔다.

21세기 들어 지구는 심각한 '문명의 위기'를 겪고 있다. 서양의 정신세계를 지탱해온 두 종교, 그리스도교와 이슬람교가 세계에 평화와 안정을 가져다주기는커녕 심각한 갈등과 불안만 가중시켰기 때문이다.

2001년 미국 뉴욕을 강타한 9·11 테러는 전 세계를 경악과 공포로 몰아갔다. 미국은 즉각 테러와의 전쟁을 선포했고 테러의 주범으로 밝혀진 알카에다와 이들을 보호하는 탈레반을 공격했다. 탈레반의 활동 지역인 아프가니스탄은 미군의 폭격으로 쑥밭이 되었다. 폭격으로 부모를 잃은 이슬람 젊은이들은 무자헤딘(이슬람 전사)이 되어 미국에 저항했다.

미국은 이라크의 독재자 사담 후세인이 화학무기로 인류 평화를 위협한다며 이라크에도 전쟁을 선포했다. 후세인을 몰아내는 데는 성공했지만 화학무기는 이라크 어디에서도 발견되지 않았다. 이라크 패잔병이 주축이 된 이슬람 수니파 저항군은 내전이 벌어진 시리아로 건너가 IS에 합류해 세계를 다시 공포의 도가니로 몰아넣고 있다. 21세기로 들어온 지 10여 년이 지난 지금, 지구 마을은 종교적 극단주의자들의 테러와 전쟁으로 풍전등화의 위기를 맞게 되었다.

지구 마을 사람들은 새로운 세기에 맞는 새로운 사상과 철학이 무엇인지 찾고 싶어 한다. 과학은 발전했지만 전쟁, 폭력, 환경 파괴는 우리의 생존을 위협하고 있다. 미래는 어둡고 길은 보이지 않는다. 이미 70억 명이 넘은 인구는 지구를 만원으로 만들었고, 천연자원은 바닥나고 있다. 무절제한 소비와 쓰레기는 지구 온난화를 가져와 태풍과 허리케인은 지난 세기보다 몇 배나 강력해졌고, 가난하고 힘없는 사람들에게 재앙을 안겨주고 있다.

서양인들은 동양의 종교와 철학에 주목했다. 미국과 유럽의 지식인과 젊은이들을 중심으로 수많은 사람이 불교와 동양 사상에 심취하고 있다. 불교에 귀의하는 사람도 유럽 전역에서 빠른 속도로 늘어나 프랑스에서는 이미 불교가 가톨릭, 이슬람교에 이어 세 번째로 신도 수가 많은 종교가 되었다.

미국에서도 20세기 후반부터 불교 사찰과 명상 센터가 우후죽순 생겨났고, 서점의 베스트셀러 리스트에는 불교 관련 서적들이 빠짐없이 등장하고 있다. 브래드 피트, 리처드 기어, 올랜도 블룸, 키아누리브스, 제니퍼 로페즈 등 불교에 귀의하거나 불교를 통해 삶의 지혜를 얻는 할리우드 스타도 많다. 토인비의 예언이 적중한 것이다.

20세기 위대한 과학자 알베르트 아인슈타인은 이렇게 말했다. "미래의 종교는 우주적 종교가 되어야 한다. 그동안 종교는 자연 세계를 부정해왔다. 모두 절대자가 만든 것이라고만 해왔다. 그러나 앞으로의 종교는 자연 세계와 영적인 세계를 똑같이 존중한다는 생각에 바탕을 두어야 한다. 자연 세계와 영적인 것의 통합이야말로 진정한 통합이기 때문이다. 나는 불교야말로 이런 생각과 맞든다고 본다. 만약 누군가 나에게 현대의 과학적 요구에 상응하는 종교를 꼽으라고 하면, 그것은 불교라고 말하고 싶다."

동양 종교인 불교가 이렇게 서양인의 마음을 사로잡는 이유는 무엇일까? 서양인들이 정신문명을 무시한 과학 문명은 인류를 진정으로 행복하게 해줄 수 없다는 사실에 눈떴기 때문일 것이다.

지난 2세기 동안 인류는 과학 문명의 개발에 박차를 가해왔다. 더 빠르고 더 편하게 살기 위해 앞만 보고 달려온 것이다. 하지만 이제는 앞만 보지 말고 가끔은 위를 쳐다볼 수 있어야 한다. 옛사람들처럼 하늘을 경외하며 땅을 소중히 여겨야 한다. 과학 문명이 발전하는 만큼, 아니 그 이상으로 정신문화의 계발에도 힘써야 한다. 정신문화의 중심에 종교가 있다.

∞ 종교가 필요한 이유

철학자 파스칼은 "인간은 천사와 악마 사이를 왔다 갔다 하는 존재다"라고 말했다. 인간은 전적으로 선한 존재도, 전적으로 악한 존재도 아니며, 무한한 가능성 앞에 열려 있는 존재임을 간파한 말이다.

제2차 세계대전을 일으켜 인류를 암흑의 도가니로 몰아넣은 독일의 총통 히틀러는 어렸을 때 감성이 매우 예민하고 착한 소년이었다고 한다. 그는 제1차 세계대전이 끝나고 유럽 전체가 경제적 어려움을 겪고 있을 때, 굶주린 쥐에게 자기가 먹을 빵을 떼어주었다. 히틀러는 삶에 힘겨워하는 이웃에게 용기를 주는 목사가 되려고 설교 연습을 했는데, 훗날 그가 연설로 독일 국민을 사로잡은 것은 그런 노력의 결과기도 하다. 그토록 여리고 착했던 히틀러가 잔혹한 독재자가 되리라고 누가 상상이나 했을까?

사람은 이처럼 양면적인 존재다. 어렸을 때 어떤 교육을 받고 어떤 심성을 꽃피우며 자라는가에 따라 천사가 될 수도 있고 악마가 될 수도 있다. 누가, 혹은 무엇이 사람을 악마의 성품에서 구원해 천사의 성품으로 인도할 수 있을까?

부처는 깨달음을 얻은 후에 자신이 깨달은 지혜를 세상에 전해야 할지 말아야 할지 한동안 고민에 빠졌다고 한다. 연못가에서 생각에 골몰하던 부처는 물에 반쯤 잠긴 연꽃을 보게 되었다. 자세히 보니 연못에는 세 종류의 연꽃이 있었다. 물 밖에서 활짝 꽃망울을 피운 연꽃, 물속에 잠겨 있는 연꽃, 반쯤 물에 잠겨 바람이 부는 대로 물 밖으로 나왔다 들어가기를 반복하는 연꽃이었다.

　물 밖에 있는 연꽃은 활짝 꽃망울을 틔웠으니 그대로 좋다고 생각했다. 물속에 완전히 잠긴 연꽃은 바람이 불어도 물 밖으로 나오기 어려우니 어쩔 수 없다고 생각했다. 그러나 물에 반쯤 잠긴 연꽃은 비록 지친 모습이지만 바람이 불면 물 밖으로 제 모습을 드러내고 있었으며, 그 연꽃을 위해 바람이 필요했다. 부처는 세상에 신선한 생명의 바람을 불게 하고 싶었다. 깨달음을 전하기로 한 것이다. 불교라는 아름다운 꽃이 피어나는 순간이었다.

2

종교는 왜 필요한가?

∞ 인생은 나그넷길

한 남자가 도량이 깊기로 소문난 수도승을 방문했다. 그런데 놀랍게도 수도승의 방은 너무나 작고 초라했다. 가구라고는 덩그러니 놓인 책상 하나가 전부였다. 남자는 수도승에게 인사를 하고 조심스럽게 물었다. "가구는 전부 어디에 있습니까?" 수도승이 그에게 되물었다. "당신의 가구도 여기에 없지 않소?" 그는 어이가 없다는 듯이 대답했다. "저야 이곳에 잠시 다니러온 나그네가 아닙니까?" 수도승이 미소 지으며 말했다. "나도 이 세상에 잠시 다니러온 나그네라오."

억겁(億劫)에 비하면 사람이 세상에 와서 잠시 살다 가는 것은 찰나에 불과하다. 그러나 인생이 정말 그렇게 짧기만 한 것일까? 지금 우리

〈가나안으로 돌아가는 야곱〉, 라파엘로, 바티칸미술관 소장. 조상 때부터 오랜 유랑 생활을 했던 이스라엘 민족에게 인생은 나그넷길 그 자체였다.

가 살고 있는 이생이 전부일까? 혹시 다음 세상, 다음 인생이 있는 것은 아닐까?

대부분의 종교는 보이는 이 세상이 전부가 아니라고 말한다. 그리스도교 『성서』에 등장하는 야곱은 파라오를 만난 자리에서 지나온 자기 인생을 이렇게 말했다. "제 나그넷길의 세월이 130년입니다. 제 나이가 얼마 못 되니 우리 조상의 나그넷길의 연조에 미치지 못하나 험악한 세월을 보냈습니다."

야곱은 자기와 조상들의 생애를 모두 나그넷길로 이해했다. 본향은 따로 있으며, 이 세상은 잠시 왔다 가는 나그네의 여행길로 이해한 것이다. 그렇다면 우리의 본향은 어디일까? 원래 '내'가 있던 곳, '우리'가 함께 있던 곳은 어디일까? 그곳은 이 세상보다 아름다운 곳일까? 아니면 무서운 곳일까?

이런 물음은 과학이 대답해줄 수 없다. 옛날부터 철학이나 종교를 통해 이런 물음을 과감하게 탐구한 사람이 많다. 그들은 우리가 사는 세계가 전부라고 생각하고 이 세상에만 매여 사는 삶이 얼마나 어리석은지 가르쳐주었다. 그 선각자들의 삶의 이야기, 지혜의 말씀을 계속 들어보자.

∞ 무엇이 중요한가?

스승과 제자가 장터를 지나가다가 한 남자가 소를 줄에 묶어 끌고 가는 모습을 보았다. 스승이 제자에게 물었다. "누가 누구에게 묶여 있느냐? 소가 이 사람에게 묶여 있느냐? 아니면 이 사람이 소에게 묶여 있느냐?" 제자는 어이가 없다는 듯 대답했다. "소가 이 사람에게 묶여 있습니다. 이 사람이 주인이고 그가 줄을 잡고 있으므로 그가 어디로 가든 소는 따라가야 합니다. 그가 주인이고 소는 종입니다."

그 말을 들은 스승이 가위로 줄을 끊어버렸다. 소는 도망쳤고 소를 놓친 사람은 스승에게 화를 낼 겨를도 없이 급히 뒤쫓아 갔다. 스승이 말했다. "자, 이제 무슨 일이 일어나고 있는지 잘 보아라. 이제 누가 주인인지 알 수 있다. 사실 소는 이 사람에게 아무런 흥미가 없다.

소는 불교와 관련된 이야기에서 자주 등장한다. 부처가 성불하기 전의 본명이 고타마 싯다르타인데, 고타마가 곧 소를 의미하기도 한다. 불교에서는 선(禪) 수행 단계를 동자가 잃어버린 소를 찾고, 마침내 소를 잊고 중생제도에 나서게 되는 열 가지 단계로 표현한다. 그래서 십우도(十牛圖) 혹은 심우도(尋牛圖)라고 하는데, 사찰 벽화에서 종종 볼 수 있다.

그놈은 도망치고 있다. 너의 마음도 이와 같다. 네 안에 짊어지고 다니는 온갖 터무니없는 것들은 너에게 아무 흥미가 없다. 네가 그것에 흥미를 가지고 어떡하든 붙들어두려고 하는 것이다. 그것을 붙들어두려고 하기에 너는 점점 그것의 종이 되고 있다. 하지만 그것은 언제든지 너를 버리고 떠날 수 있다."

사람들은 무언가를 소유하면 행복해질 것이라고 생각한다. 돈이나 집, 땅이 행복을 보장해줄 수 있다고 생각하는 것이다. 그런 물질적 가치를 무시할 수는 없다. 돈과 집, 옷 등 사람이 살아가기 위한 기초 재산은 반드시 필요하다. 그러나 사람은 그것만으로는 살 수 없다. 보다 차원 높은 가치가 필요하다. 그것은 정신적·종교적 영역이다.

현대사회에서 돈의 위력은 매우 크고 매력적이다. 돈만 있으면 무엇이든 할 수 있다고 생각하는 사람도 많다. 하지만 그렇지 않다는 것을 증명하는 일이 그리 어렵지는 않다. 돈으로 호화로운 집을 살 수 있지만 행복한 가정을 살 수는 없다. 돈으로 값비싼 명품 시계를 살 수는 있으나 흐르는 시간을 살 수는 없다. 돈으로 책을 살 수는 있지만 삶의 지혜까지 살 수 있는 것은 아니다. 그러면 물질의 차원을 넘어서는 가치는 어디에서 어떻게 찾을 수 있을까?

유대인의 지혜서인 『탈무드』에 이런 이야기가 전해온다. 세상에는 12개의 강한 것이 있다. 첫째는 돌이다. 그러나 돌은 쇠로 깎을 수 있다. 쇠는 불에 녹는다. 불은 물에 꺼진다. 물은 구름에 흡수된다. 구름은 바람에 흩날린다. 그러나 웬만큼 강한 바람도 사람을 날려 보내지는 못한다. 그러나 사람은 공포에 무너질 수 있다. 공포는 술로 떨쳐낼 수 있다. 술은 잠으로 깬다. 그 잠도 죽음만큼 강하지는 못하다. 죽음은 모든 희망을 잠재운다. 그러나 죽음도 사랑을 이기지는 못한다.

『탈무드』는 세상에 아무리 강한 것이 있다 하더라도 상대적이며, 더 강한 것을 만나면 언제든 무력해질 수 있다고 말한다. 어쩌면 모든 것을 앗아가고 무력화시키는 가장 강한 힘은 죽음인지도 모른다. 죽음 앞에서는 생명도 권력도 재산도 모두 내놓아야 하기 때문이다. 그러나 유대인들은 죽음도 빼앗을 수 없는 가장 강한 힘과 가치가 사랑에 있음을 깨달았다.

예수는 그리스도교 『성서』 전체의 가르침이 경천애인敬天愛人, 즉 "하느님을 공경하고 사람이 서로서로 사랑하며 사는 삶"에 있다고 가르쳤다. 사람이 자기 민족이나 국가, 혹은 신념이나 종교의 다름을 넘어 진실로 하느님을 사랑하고 공경하며 살아간다면, 또한 인류가 서로를 '하늘 아버지'의 한 형제자매로 인식하며 살아간다면, 지구 마을의 모든 사람은 세계시민이 될 수 있을 것이다. 세계시민이 모여 서로를 존중하고 사랑하며 살아가는 지구 마을에 민족 분쟁이 있겠으며, 나라 간 갈등이나 종교전쟁이 설 자리가 어디 있겠는가?

∞ 세상을 보는 눈

"뭐 눈에는 뭐만 보인다"는 말이 있다. 부처님의 마음을 갖고 살아가기에 모든 것 안에서 부처님을 만나는 스님이 있었다. 어느 날 스님이 모처럼 교회에 가서 예배에 참석하게 되었다. 그 예배가 얼마나 좋았던지 스님은 예배가 끝나고 나오면서 이렇게 고백했다. "나는 오늘 많은 부처님을 뵈었지요. 설교하시는 부처님, 찬송하시는 부처님, 기도하시는 부처님을요."

아마도 이 스님은 평생 행복한 삶을 살았을 것이다. 언제 어디서나 부처님을 만나고 사니 얼마나 행복했을까? 진정한 행복은 환경이 주는 것이 아니다. 진정한 행복은 자기 마음 안에 있다. 세상을 아름답게 보고 아름다움을 지키면서 사는 것이 우리의 행복에 가장 중요한 것이 아닐까.

세상이 아름다움으로 가득 차 있고 서로 연결되어 있기에 사람이 혼자 살 수 없으며, 더불어 살아야 한다는 것을 알려주는 이야기가 있다. 아메리카 인디언 크리족은 사람과 사람이 더불어 사는 것도 중요하지만 사람과 동물, 사람과 자연이 더불어 사는 것이 중요하다는 것을 알고 있었다.

오랜 옛날, 동물들이 사람의 횡포를 참다못해 화를 터뜨렸다. 사람들이 동물을 사냥해놓고는 일부만 먹고 나머지는 썩게 내버려두었기 때문이다. 강이나 연못에서 물고기를 잡아도 그 뼈는 물이나 불에 던져버렸다. 사람을 살아남게 하기 위해 희생하기로 합의한 동물들에게 감사하기는커녕 동물의 수가 적어졌는데도 사람은 계속 동물을 잡아들였다.

동물들은 대책을 세우기 위해 회의를 열었다. 사람에게 전쟁을 선포하자는 의견도 있었지만, 곰이 화살을 가진 인간을 이길 수는 없다며 말을 막았다. 동물들은 사람에게 병을 주어 보복하기로 했다. 사슴은 신경통·관절염·두통을 주고 새는 복통을 주는 식으로 동물은 사람에게 온갖 병을 가져다주었다.

그런데 정작 사람들이 병에 걸려 고통스러워하자 동물들은 사람들이 불쌍해졌다. 그래서 사람의 꿈속에 들어가 병에 걸린 이유를 말해주고 병을 고치는 노래를 가르쳐주기로 했다. 동물들은 약이 되는 식물을 찾아내는 법, 동물처럼 알몸으로 다니며 심신을 깨끗이 하는 법을 가르쳐주었다. 사람은 동물의 도움으로 병석에서 일어날 수 있게 되었다. 병을 보낸 동물을 흉내 내어 춤추며 용서를 구하면 동물은 사람을 치료해주었다. 치료받은 사람이 과도한 사냥을 삼가고 죽은 동물을 정성껏 대하면 병에 다시 걸리지 않았다.

3

종교와 과학과 자연

∞ 종교와 과학의 만남

사람의 뼈를 현미경으로 보면 날줄이 뻗어 있는 것처럼 보인다. 더 확대하면 날줄들 사이가 듬성듬성 갈라지고 구멍이 뚫린 것이 보인다. 더 확대하면 뼈의 세포가 보인다. 세포들이 분열하는 게 보인다. 더 확대하면 세포를 구성하는 분자가 보인다. 더 확대하면 분자는 원자로 이루어진 것이 보인다. 더 확대하면 원자는 핵과 전자로 이루어진 것이 보인다. 더 확대하면 핵은 양성자와 중성자로 이루어졌고, 이는 모두 쿼크라는 소립자로 이루어져 있다. 이것은 물질이라고 볼 수 없고 물질이 아니라고 볼 수도 없다.

더 확대하면 아무것도 보이지 않게 된다. 똑같은 과정을 되풀이해보아도 결론은 마찬가지다. 이렇게 되면 "물질의 궁극적인 본질은 텅 비어 있다"고 정의를 내릴 수밖에 없다.

산속의 수행자가 "물질의 궁극적인 본질은 텅 비어 있다"는 과학자의 연구 결과를 듣게 되었다. 수행자는 가만히 미소를 지으며 이렇게 말했다. "그것을 이제 아셨습니까? 당신들은 망원경과 현미경과 계측기를 가지고 알아냈지만 우리는 그냥 있는 자리에서 알아냈습니다."

어떤 사람은 과학이 발달한 오늘날에는 종교가 필요 없다고 생각한다. 그러나 종교와 과학은 상반되는 것이 아니라, 보완해주고 협력하는 친구 사이다. 과학이 없는 종교는 공허하고, 종교가 없는 과학은 인류를 파멸로 몰아갈 수도 있다. 배를 저어가기 위해서는 오른쪽 노와 왼쪽 노가 함께 필요하듯이, 새가 날기 위해서는 두 날개가 모두 필요하듯이, 인류와 세상의 미래를 위해서는 과학과 종교가 함께 필요하다.

∞ 사람과 자연의 관계

어린 물고기 한 마리가 어른 물고기에게 물었다. "저보다 나이도 많고 경험이 많으시니 가르쳐주세요. 제가 사는 곳에서는 늘 바다에 대한 이야기를 하는데, 그것을 어디 가면 찾을 수 있나요? 제가 다닐 수 있는 곳은 다 다녀보았지만 찾을 수 없었어요." 어른 물고기가 미소를 지으며 가르쳐주었다. "지금 네가 헤엄치는 곳이 바로 바다란다." 어린 물고기는 이 말을 이해할 수 없어 이렇게 말했다. "이게 바다라고요? 이건 그냥 물이잖아요. 제가 찾고 있는 것은 바다란 말이에요."

갓 태어난 어린아이는 자신이 숨을 쉬며 살아 있다는 것도, 꽃이 피고 새가 우는 아름다운 세상이 존재한다는 것도, 자기를 안고 미소 지으며 행복해하는 엄마가 있다는 것도 알지 못한다. 아이가 태어나고 자라 자신의 존재와 세상을 인식하며 엄마의 사랑을 느끼고 반응하기까지는 많은 시간이 필요하다. 그러나 아이가 엄마를 알아보기 전에도, 아니 이 세상에 태어나기도 전, 엄마 배 속에서 생명이 시작될 때부터 엄마는 계속 아이를 사랑하고 돌보아왔다.

우리가 사는 세계, 우리가 마시는 공기, 불어오는 산들바람, 햇볕과 단비, 이 모든 것은 어머니 지구의 따뜻한 돌봄이고 품어줌이다. 이것은 어쩌면 우리가 아직 인식하지 못한 신의 따뜻한 품이 아닐까.

이런 물음과 깨달음은 세상 곳곳에서 제기되었다. 어린 물고기가 자기를 감싸고 숨 쉬게 하는 물이 그냥 물이 아니라 모든 생명을 품어주고 살게 해주는 큰 바다라는 것을 언젠가 알게 되듯이, 아기가 언젠가는 자기를 품고 사랑 노래를 불러주는 엄마를 의식하듯이, 옛날부터 인간을 양육하고 품어주었던 어머니 지구가 물질의 집합체만이 아니라, 살아 있는 거대한 유기체로 작용하는 신의 품이었음을 의식하고 살아가는 사람이 많다.

종교학자들은 아메리카 인디언들의 전통 종교가 얼마나 풍요롭고 심오한지 주목하기 시작했다. 1854년 미국 대통령이 시애틀 추장에

자연에 대한 경외감이 드러나는 잉카제국의 태양신 인티. 잉카제국은 인티를 경배하기 위한 사원
을 곳곳에 세우고, 한 해 수확이 끝나면 축제를 열고 곡식을 바쳤다.

게 그들의 땅을 정부가 매입하고 새로운 보호구역을 마련해주겠노라
고 제안했다. 시애틀 추장은 다음과 같은 말로 거절의 뜻을 표시했다
고 전해진다.

　어떻게 감히 하늘의 푸름과 땅의 따스함을 사고팔 수 있습니까? 우
리의 소유가 아닌 신선한 공기와 햇빛에 반짝이는 냇물을 당신들이
돈으로 살 수 있습니까?
　이 땅의 모든 부분은 우리 민족에게 거룩한 곳입니다. 아침 이슬에
반짝이는 솔잎 하나도, 냇물의 모래밭도, 빽빽한 숲의 이끼도, 모든 언

덕과 곤충들의 윙윙거리는 소리도 우리 민족에게는 거룩한 것입니다.

우리는 땅의 한 부분이고 땅은 우리의 한 부분입니다. 향기로운 꽃들은 우리의 형제이고 사슴과 말, 커다란 독수리까지 모두 우리의 형제입니다. 거친 바위산과 푸른 초원, 따스한 망아지, 그리고 사람은 모두 한 가족입니다. 산과 들판을 반짝이며 흐르는 물은 우리에게 그저 물이 아닙니다.

우리는 백인들이 우리의 풍습을 이해하지 못하는 것을 알고 있습니다. 당신들은 어머니인 땅과 형제인 하늘을 마치 보석이나 가죽처럼 사고파는 것으로 여기고 있습니다. 하지만 그 욕심은 땅을 모두 삼켜버릴 것이고 우리에게는 결국 사막만 남을 것입니다.

이제 당신들은 자손들에게, 그들이 밟는 땅이 우리 조상의 재로 이루어져 있다는 사실을 가르쳐야 할 것입니다. 당신들의 자손이 이 땅을 소중히 여길 수 있도록, 우리의 생명이 이 땅을 기름지게 했음을 말해주어야 할 것입니다.

우리가 우리 자손들에게 가르쳤듯이 당신들도 당신 자손들에게 가르치십시오. 대지는 우리 모두의 어머니라고. 모든 좋은 것은 어머니인 땅에서 나오고, 그 자식들에게 미치는 것이라고. 그리고 만일 땅에 침을 뱉으면 그것은 자기 자신에게 침을 뱉는 것이라고.

땅을 위해서 하는 일은 바로 우리 자손을 위해 하는 일입니다. 생명의 실타래는 사람이 만든 것이 아닙니다. 사람은 단지 그 실 중 한 가닥일 뿐입니다. 사람이 생명의 실타래에 끼치는 영향은 곧 자신에게 되돌아옵니다.

우리는 우리의 하느님이 당신들의 하느님과 같다는 사실을 알고 있습니다. 그리고 당신들도 이 사실을 조만간 깨닫게 되리라고 생각합니다. 땅은 하느님에게 소중한 것입니다. 땅을 더럽히는 일은 이 모든 것을 창조하신 분을 모독하는 일과 같습니다.

우리는 도무지 이해할 수 없습니다. 이유 없이 살육당하는 들소와 길들여지는 말들, 백인들이 잘라나가는 울창한 숲과, 짓밟는 아름다운 꽃들을 보면 당신들을 이해할 수 없습니다. 그 숲들은 어디로 갔습니까? 모두 사라졌습니다. 독수리들은 어디로 갔습니까? 모두 사라졌습니다. 이렇게 삶이 사라지면 남는 것은 싸움밖에 없습니다.

서구 문명에 젖어 생활하는 사람들 눈에, 아메리카 인디언은 미개한 원시인으로 보일 수도 있다. 하지만 어쩌면 그들은 서구 문명인이 깨닫지 못한 깊은 진리를 앞서 깨달은 사람이 아니었을까.

지구 마을 곳곳에는 그리스도교, 이슬람교, 불교 등의 세계종교뿐 아니라, 말없이 향기를 뿜어내는 이름 없는 들꽃처럼, 사람들의 마음을 훈훈하게 품어주는 따뜻하고 생동적인 종교가 많다.

2

고대의 종교

1

종교의 탄생

∞ 자연에 나타난 '궁극 실재'의 발자취

우리가 살고 있는 지구 별은 놀라운 조화와 질서로 가득 차 있다. 지구는 태양의 주위를 밤낮없이 돌지만 지치지 않는다. 그 속도가 일정해 365.2422일이면 정확히 태양의 주위를 한 바퀴 돈다. 태양과의 거리도 항상 일정하다. 만일 지구가 궤도를 조금이라도 벗어난다면 커다란 이변이 발생할 것이다. 궤도 안쪽으로 조금 이탈하면 지구의 온도는 급상승하고, 궤도 밖으로 이탈하면 급격히 온도가 떨어져 많은 생명체가 죽게 될 것이다. 그러나 우리는 지구가 궤도를 벗어날 것을 염려하지 않는다. 지구 속에 아무런 기계장치도 없지만, 태양계와 지구 자체에 담겨 있는 놀라운 우주원리와 자연법칙은 어떤 첨단

전자장치보다 완벽하기 때문이다.

물은 끊임없이 지구를 순환하며 적당한 수분을 지구 상에 흩뿌려준다. 만일 비가 전혀 오지 않는다면 땅은 모두 메말라 사막으로 변할 것이다. 그러나 작열하는 태양에 증발된 물은 구름이 되고 다시 비로 변해 대지를 적셔준다. 그리고 이러한 순환으로 지구는 건강한 아름다움을 유지한다.

동물이 살기 위해서는 산소가 필요하다. 그래서 동물은 산소를 섭취하고 이산화탄소를 배출한다. 만일 이런 과정만 반복한다면 지구의 산소는 점차 감소해 모든 동물이 죽게 될 것이다. 그러나 지구에는 그와 반대로 동물이 배출한 이산화탄소를 섭취하고 산소를 내뿜는 식물이 존재한다.

이렇듯 자연계는 놀라운 조화 속에 존재한다. 우리가 이러한 자연의 조화와 질서를 느낄 때, 그 질서와 조화를 존재하게 하는 어떤 원

타실리의 코끼리(왼쪽)와 기린(오른쪽) 암각화, 인접한 아카쿠스 지역의 야자수 암벽화(오른쪽). 자연과 더불어 살았던 선사시대에는 주변의 자연이 생활과 예술의 절대적인 원천이었다. 사하라 사막에 있는 알제리의 타실리 나제르는 선사시대 동굴 예술의 중요한 사례다. 서기전 6000년에서 서기 100년 사이 사하라 지방 인간의 진화 과정과 동물 이주, 기후 변화 등이 잘 나타나 있으며 과거 이곳이 숲이었음을 말해주기도 한다.

인, 또는 근원적 힘에 관심을 갖는 것은 자연스러운 일이다. 옛날부터 사람들은 그 근원적 원인이나 힘을 인격을 가진 '신'으로 인식하기도 했고, 혹은 법法, Dharma(불교의 중심 관념으로, 자연계의 근원적 법칙이며 인간계의 질서)으로, 혹은 도道(만물을 만들어내는 모체이며, 잡다한 현상을 가로질러 만물을 그것으로서 존재하게 하는 법칙을 말한다. 그리스철학에서는 로고스Logos라고 한다)로, 혹은 어떤 '원리'로 이해하기도 했다. 20세기 위대한 종교학자이며 그리스도교 신학자인 폴 틸리히●는 그 원인자를 궁극실재Ultimate-Reality라고 정의했다.

∞ 종교는 언제, 어디서 시작되었나?

자연은 늘 인간에게 유리하게 존재하지는 않는다. 자연은 일정한 법칙과 질서에 따라 움직이고 존재하며, 이 자연법칙은 때로 인간 세계에 재앙을 가져오기도 한다. 갑작스런 지진으로 수많은 사람이 다치기도 하고, 폭우나 폭설 등 예기치 않은 기후 변화로 큰 불상사가 생기기도 한다. 자연재해는 인간이 최첨단 과학으로 무장한 21세기 들어 더욱 난폭해졌지만 인간은 여전히 속수무책으로 당하고 있을 뿐이다.

● 폴 틸리히(Paul Johannes Tillich, 1886~1965)
미국의 신학자이며 종교학자. 독일에서 태어나 신학과 철학을 공부했다. 베를린대학, 마르부르크대학, 드레스덴대학, 라이프치히대학 등에서 교수로 재직하던 중 히틀러에게 추방당해 1933년 미국으로 망명했다. 뉴욕의 유니언신학대학, 시카고대학, 하버드대학 등에서 강의했다.

2004년 연말 동남아시아를 휩쓴 지진해일은 20만 명이 넘는 사망자를 냈다. 2005년 가을에는 허리케인 카트리나가 뉴올리언스 등 미국 남부 지역을 할퀴고 지나갔다. 카트리나로 사망자 2,000명과 이재민 100만 명이 발생했다.

하지만 자연의 횡포는 여기서 그치지 않았다. 2008년에는 중국 쓰촨성이 대지진으로 초토화되었다. 이번에는 사망자 약 8만 명과 부상자 40만 명이 발생했다. 2010년 아이티에서 발생한 지진 사망자는 약 25만 명에 달했다. 재해는 멈추지 않고 이어졌다. 2011년에는 동일본대지진이 일본을 강타해 2만 명에 이르는 사망자를 냈고 2015년에도 네팔에서 대지진이 일어나 네팔뿐 아니라 중국, 인도, 파키스탄, 방글라데시 등에서 8,000명이 넘는 사망자를 냈다.

이런 재해가 일어날 때마다 현대 과학은 무엇을 했을까? 재앙이 발생하기 직전에 겨우 그 징조를 탐지하는 것밖에 해내지 못했다. 예나 지금이나 사람은 자연의 거대한 힘 앞에 한없이 작기만 하다.

문명이 깨이기 이전 사람들이 이런 거대한 자연의 횡포를 겪었다면 어떤 생각을 했을까? 그 거대한 힘의 이면에 초월자가 있다고 상정했을 것이다. 그러나 인간은 그 거대한 힘에 맞설 능력이 없다. 그렇다면 사람이 할 수 있는 것은 무엇일까? 그 거대한 힘을 행사하는 초월적 존재와 관계를 맺어 달래거나 부탁하는 수밖에 없었을 것이다. 물론 초월자에게 자신과 가족의 무사안일과 행복을 빌 때는 최대한 성의를 표시해야 했을 것이다. 그 성의 표시가 최초의 종교의식을 낳았으리라. 종교의식이 언제 시작되었는지는 단정하기 어렵지만 인

1909년 오스트리아의 빌렌도르프에서 발견된 여성 나상. 빌렌도르프의 비너스라고 불리는데, 생식과 출산에 관련한 신체 부위가 극단적으로 과장되어 있다. 다산과 풍요를 기원했던 모신 숭배 사상을 엿볼 수 있는 유물이다.

간 생명의 출현과 거의 동시에 본능적으로 시작되었을 가능성이 높다. 그런 점에서 본다면 인간은 태생적으로 종교적 존재인 셈이다.

이처럼 사람은 지구에 존재를 드러내기 시작한 시기부터 종교와 함께 자라왔다. 물론 처음부터 세련된 형태의 종교를 믿었던 것은 아니다. 거대한 자연 자체, 혹은 자연계를 지배하는 힘과 원리에 대한 막연한 경외감, 혹은 일상생활에서 자주 만나는 '사람보다 힘이 센' 짐승이나 큰 산, 강 등 가까이 있는 사물에 대한 두려움에서 벗어나 안정된 삶을 살고자 하는 의지가 작용해 자연스럽게 종교심과 종교 예식이 발전했을 것이다.

종교가 언제 시작되었는지 그 시기를 정확히 알기는 어렵다 하더라도 인간이 살아가면서 부딪히는 여러 가지 위험에서 자신과 가족을 보호하려는 시도에서 종교가 발생했다는 것은 의심의 여지가 없다. 여러 가지 고고학적 증거를 통해 살펴보면, 지금부터 약 10만~2만 5,000년 사이 빙하기에 활동했던 네안데르탈인의 무덤에서 종교 생활의 흔적이 나타났는데, 그들은 특히 동굴에 사는 곰을 숭배했다. 이어 크로마뇽인은 주술이나 종교적 목적으로 그림과 조각 등을 만들었다.

중석기, 신석기 시대에 이르러 인류는 농경 사회로 접어들면서 풍요로운 생산력을 지닌 대지에 외경심畏敬心을 갖게 되었다. 이때부터 모신숭배●와 해, 달, 별 등 천체와 돌이나 기둥 등에 대한 자연숭배가 보편적으로 나타났다.

∞ 원시종교의 특성

고대인에게 신비롭고 매력적이지만 두렵기도 한 초월적 존재와의 만남은 거룩한 경험이었다. 그러나 그 경험은 사람의 태도에 따라 복을 가져오기도 하고 화를 가져오기도 했다. '거룩한 만남'은 아무나

● 모신(母神, Mother Goddess)숭배
어머니의 상징인 생산력, 아름다움, 자비, 사랑, 정신력 등 모성 원리를 인격화해 믿는 신앙을 말한다. 원시 농경 사회에서는 땅의 생산력이 중요했는데, 그런 실용적 필요성이 종교로 발전한 경우가 많다. 원시 모신숭배는 세계 곳곳에서 발견된다.

할 수 있는 일이 아니었으므로 필연적으로 추장이나 샤먼, 사제 등 종교 권위자가 탄생하게 되었다.

고대인은 위기나 두려움을 겪을 때 초월자를 찾아 자기들의 힘으로는 해결하기 어려운 문제를 의탁했다. 초월자를 만나기 위해서는 그에 걸맞은 거룩한 의식이 필요하다는 생각에서 제사 의식이 발달하게 되었다. 또한 거룩한 존재 앞에서 한없이 초라하고 부족한 자신의 모습을 의식하게 되자, 부끄러움 없는 모습으로 초월자를 만날 방법을 찾게 되었다. 이렇게 해서 정결예식●과 속죄제사●●가 등장하게 되었다.

정결예식과 속죄제사로 깨끗해진 몸과 마음으로 초월자 앞에 서면, 자신들이 해결하기 어려운 문제, 또는 도움을 받고 싶은 문제를 초월자에게 아뢰어야 한다. 그러나 초월자와 인간은 존재의 차원이 다르다. 같은 사람끼리도 종족이 다르면 대화가 통하지 않는데 초월자와 사람은 어떻게 대화할 수 있을까? 초월자와 대화하는 방법으로 주술과 기도가 만들어졌다.

● **정결예식**
신 앞에 흠 없는 모습으로 나가기 위해 더러운 몸과 마음을 깨끗하게 씻는 예식이다. 신은 거룩하기에 사람이 신 앞에 나가려면 죄를 씻고 몸과 마음을 깨끗하게 해야 한다는 생각이 고대 종교인들 사이에 보편적으로 자리 잡고 있었다.

●● **속죄제사**
사람이 지은 죄에 대가를 치르고 용서받기 위해 드리는 제사를 말한다. 오늘날 그리스도교와 이슬람교의 모체인 유대교 사제들은 신을 만나기 위한 예식으로 제일 먼저 속죄 의식을 치렀다. 거룩한 신을 죄가 있는 상태에서 만날 수 없다고 여겼기 때문이다.

곰 가죽을 덮어쓴 샤먼의 모습. 오늘날의 종교가 자리 잡기 이전 사람들에게 자연은 생명을 주는 감사의 대상이면서 재해를 안겨주는 두려운 대상이기도 했다. 그래서 자연 숭배와 함께 먹이가 되는 동물에 대한 위로도 빠뜨리지 않았다.

주술은 초월자의 힘을 끌어내어 당면한 문제를 해결하거나 도움을 받기 위한 적극적인 시도라고 할 수 있다. 때로는 초월자의 힘을 추방하기 위해 주술을 사용하기도 했다. 샤머니즘에는 조약돌이나 운석, 뼈, 막대기 등을 이용해서 일정한 모양을 만들어 정령을 달래거나 통제하는 종교 행위가 나타난다.

그러나 초월자를 사람의 힘으로 통제하고 다스리는 것은 쉬운 일이 아니다. 정령이나 동물 등 사람의 힘으로 대항할 수 있는 존재에게는 주술을 사용할 수 있지만 그보다 힘이 세거나 위대한 존재에게는 자세를 낮추어 복종하며 도움을 청해야 한다. 그래서 제사 의식뿐 아니라 일상생활에서도 할 수 있는 기도가 생겨나게 되었다.

주술과 기도를 통해 초월자나 정령을 만나고 대화하게 되자, 존재하는 모든 것에는 정령이나 혼령이 살고 있다는 생각이 발전했다. 그래서 모든 것을 숭배하는 경향이 다양한 원시 문화에 나타났다. 돌에 대한 존경심은 고대 인류 문화 전반에 걸쳐 광범위하게 나타나며 식물과 동물, 바람, 구름, 해, 달, 별, 물, 대지 등이 숭배의 대상이 되었다. 눈에 보이는 세계를 넘어 보이지 않는 높은 곳에서 인간 세계를 보살피며 때로는 인간의 잘못을 엄격하게 징벌하는 최고신 사상도 점차 발전했다.

∞ 오늘날에도 유효한 원시종교의 가르침

종교의 발생 원인과 양태는 다양하다. 사람이 초월적인 힘에 굴복해 안정을 찾기 위해 종교를 만들기도 했지만 그렇다고 종교가 발생한 원인이 두려움 때문만은 아니다. 우리 선조들은 '더불어 살아가는 다른 생명체' 혹은 '생명이 있다고 믿는 존재'에 대한 친근감과 존경심에서 종교적 경배 대상을 찾기도 했다. 원시종교에 흔히 등장하는 곰, 호랑이 등 힘센 동물뿐 아니라 나무나 숲, 돌 등 자연물, 해와 달, 별 등 천체에 이르기까지 모든 것이 서로 연결되어 있다고 생각하며 더불어 살았던 것이다.

그러나 현대인은 인간만이 영성을 갖고 있다고 생각해, 다른 생명

경상남도 함양 영각사 삼성각의 산신탱(山神幀). 백발이 성성한 산신이 호랑이를 타고 있다. 우리 조상들은 산신의 존재를 믿었으며 호랑이 역시 산군(山君)이라 부르며 존경했다.

체들을 무시하고 자연의 모든 것들이 인간을 위해 존재하는 것처럼 생각하는 경향이 있다. 지구에 존재하는 모든 생명체, 심지어 자연 자체까지 신이 인간에게 준 수단으로 여기기도 한다.

그렇게 생각한 결과는 참혹하다. 오늘날 지구는 인간이 쏟아내는 오염 물질과 환경 파괴로 언제 종말을 맞을지 모른다. 우리는 지금 위기의 시대를 맞고 있으며, 인간의 이익을 위한 자연 파괴와 난개발로 분쟁이 그칠 날이 없다. 이런 인간 위주의 세계관과 자연관은 서구 종교 특히 그리스도교의 영향을 깊이 받은 결과라고 할 수 있다.●

그리스도교나 불교 등 인류 역사가 인정하는 고등종교만 가치 있는 것은 아니다. 우리가 '원시신앙'이라고 부르는 종교가 때로는 고등종교에 없는 위대한 정신을 갖고 있는 경우도 얼마든지 있다. 또한 '원시종교'라고 말할 때 '원시'는 '유치한'이라는 뜻이 아니라 '시간적으로 앞선'이라는 뜻임을 새겨둘 필요가 있다. '자연이라는 어머니' 품에 안겨, 더불어 살아가는 모든 존재와 친근하게 지내려는 옛사람의 지혜를 현대인이 배워야 하지 않을까. 옛 사람의 이런 생각은 동양의 생명 사상과도 일맥상통하는 면이 있다.

모든 종교는 지혜를 공유해야 한다. 과학적 지식도 필요하지만 무엇보다 지구, 나아가 우주 전체는 하나로 연결된 생명체와 같다는 점을 깨달아야 한다. 만약 이 사실을 무시하고 지금처럼 인간의 이익을 위해 자연을 함부로 훼손한다면 인류는 지구와 함께 파멸을 피할 수 없을 것이다.

---

* **종교에 대한 동서양의 인식 차이**

종교를 뜻하는 영어 단어 'religion'은 '다시 묶는다'라는 뜻의 라틴어 're-ligare'에서 나왔다. 서양 사람들이 생각하는 종교의 중심에는 인격적 절대 존재로서의 신이 있다. 서양에서는 신의 존재를 부정하는 종교란 상상하기 힘들다. 하지만 동양의 종교 전통에서는 신의 존재가 필수 불가결하지 않다. 중국이나 인도에서는 오래전부터 도(道), 이(理), 법(法), 공(空) 등을 궁극의 실재로 보는 시각이 있었다. '종교(宗教)'라는 말에 담긴 뜻도 '으뜸 가르침', '궁극 가르침'으로 반드시 인격적 초월자를 상정하지 않는다. 사람이 깨닫고 실천하며 살아가야 할 가장 고귀한 가르침이 종교라는 것이다.

2

근동과 유럽의 고대 종교들

∞ 고대 종교의 흔적

　현존하는 세계종교들은 찬란하고 위대한 문화를 전달해준다. 그런 세계종교는 어느 날 갑자기 하늘에서 떨어진 것이 아니다. 오랜 세월 인류와 역사를 함께해온 원시종교의 토양에서 영양분을 공급받으며 점차 자라 지금과 같은 위상을 갖추게 된 것이다.

　그런 점에서 '나 홀로 종교'는 존재하지 않는다. 오늘날 3대 세계종교로 일컫는 그리스도교와 이슬람교, 불교 모두 그전부터 시작된 유대교와 힌두교의 토양 위에 건립되었으며, 유대교는 조로아스터교의 영향을, 조로아스터교와 힌두교는 아리아족의 원시종교에 영향을 받으면서 형성되었다. 세계종교에 자양분을 제공해준 고대 근동과 유럽의 종교들은 어떤 문화를 갖고 있었을까?

∞ 메소포타미아의 원시종교

　메소포타미아는 티그리스강과 유프라테스강 사이의 평야 지대에 위치해 있다. 이 지역은 수많은 외적의 침입에 노출될 수밖에 없었고, 여러 족속이 모여 때로는 싸우고 때로는 화해하면서 생활했다. 메소포타미아 주민들은 여러 신을 섬겼다. 부족마다 부족의 신을 모시기도 했고 하늘의 신, 달의 신을 모시기도 했다.

　메소포타미아 지방은 풍요로운 땅과 더불어 수많은 신이 인간 세상에 내려와 각축을 벌이는 '종교 장터'가 되었다. 그중에서 하늘의 신 안An과 나중에 지하의 신이 되는 공기의 신 엔릴, 달의 신 신Sin, 태양신 우투, 물의 신이며 지혜의 신 엔키, 모신 닌후르사그, 하늘의 여신 이슈타르 등이 특히 경배의 대상이었다.

　이 신들은 만신전萬神殿에 모여 때로는 싸우고 때로는 서로 사랑하면서 인간 세상의 잡다한 일에 관여했다. 이들 중에서 가장 널리 숭배받았던 신은 풍요의 여신 이슈타르와, 바빌론이 메소포타미아 지방을 지배하게 되면서 주위의 신들 위에 군림해 하늘의 주인으로 인정받은 바빌로니아의 주신 마르두크다.

　메소포타미아 종교의 창세신화와 홍수 설화는 유대교에 영향을 미쳤으며, 결과적으로 그리스도교와 이슬람교에도 깊은 영향을 끼치게

대홍수 이야기를 포함한 「길가메시 서사시」가 적힌 점토판. 아슈르바니팔 왕의 도서관에서 발견되었다. 이 점토판의 발견은 메소포타미아 역사에 대한 이해는 물론 성서 해석에도 큰 영향을 미쳤다.

된다. 특히 「길가메시 서사시」는 그리스도교 『성서』에 나오는 노아 홍수 설화의 원형으로, 내용이 재미있고 아기자기해 고대 메소포타미아인의 풍요로운 우주관과 인생관을 한껏 느끼게 한다.

「길가메시 서사시」는 서기전 2000년경에 만들어진 세계에서 가장 오래된 서사시다. 그리스의 「오디세이아」와 비견되는 바빌로니아의 대서사시로, 다른 시대에 쓰인 이야기들을 길가메시라는 한 사람에게 통일시킨 것이다. 길가메시는 고대 근동의 여러 민족 사이에 알려진 전설적 영웅이며 왕이었다.

이 서사시가 우리의 흥미를 자극하는 첫 번째 이유는 그리스도교 『성서』에 나오는 노아의 홍수 이야기와 매우 비슷한 대홍수 설화가 등장하기 때문이다. 이 설화는 매우 진지하고 흥미로운 주제를 다루고 있다. 사람이 죽음을 넘어설 수 있는지에 관한 것이다.

서사시의 주인공 길가메시는 서기전 2600년경 실제로 우루크 지방을 다스린 족장이었던 것으로 추정한다. 힘이 장사였고 아무것도 두려울 것이 없었던 그에게는 엔키두라는 친구가 있었는데 그 역시 힘이 장사였다고 한다. 하지만 엔키두는 여자의 유혹에 빠져 힘을 잃어버리고 세상을 떠나고 만다. 친구의 죽음에 충격을 받은 길가메시는 죽지 않고 영원히 사는 방법을 알아내기 위해 여행을 떠난다. 길가메시는 긴 여행 끝에 우트나피슈팀을 만나 홍수 이야기를 듣게 되었다.

신은 우트나피슈팀에게 큰 홍수가 닥칠 테니 방주를 지으라고 명령했다. 우트나피슈팀은 신의 명령대로 커다란 방주를 지었고, 그의 가족과 모든 짐승을 한 쌍씩 방주 안에 실어 그들의 생명을 구했다. 대홍수가 끝난 뒤 사람과 동물의 목숨을 구한 대가로 우트나피슈팀은 영원한 생명을 얻게 되었다. 하지만 그것은 다시 일어날 수 없는 단 한 번의 특별한 사건이었다. 길가메시는 영생을 얻을 수 없게 되었고, 자신의 꿈이 사라진 것을 한탄하며 발길을 돌릴 수밖에 없었다.

하지만 희망이 아주 사라진 것은 아니었다. 어느 날 길가메시는 땅속 깊이 깨끗한 물속에서 자라는 영생의 풀을 얻게 된다. 이 풀은 노인을 다시 어린아이로 만들어주는 신비의 풀이었다. 길가메시는 승리의 찬가를 불렀다. 이제 언제든지, 아무리 늦더라도 어린아이로 되돌아가 새로운 삶을 시작할 수 있게 된 것이다. 돌아오는 길에 긴장이 풀린 길가메시는 풀을 둑에 놓아두고 연못에 들어가 목욕을 했다. 그 순간 뱀이 나타나 날쌔게 풀을 낚아채어 어디론가 사라져버렸다. 이렇게 「길가메시 서사시」는 사람이 죽음을 넘어설 수 없다는 것을 일깨워주며 끝을 맺는다.

「길가메시 서사시」는 그리스도교 『성서』의 「창세기」에 나오는 노아의 방주 이야기와 놀랍도록 비슷하다. 그래서 학자들은 노아의 방주 이야기뿐 아니라 「창세기」 전체가 메소포타미아 신화의 영향을 받아 기록되었을 거라고 예상한다. 길가메시의 친구인 엔키두가 여자의 유혹을 받아 힘을 잃었다든지, 길가메시가 뱀에게 영생의 풀을 빼앗긴 이야기 등도 모두 창세기의 소재가 되었다는 것이다.

이 이야기를 처음 듣는 그리스도인은 당황하기도 한다. 하지만 놀랄 필요는 없다. 종교와 신화가 지구 마을의 문화를 서로 연결해준다는 것을 깨닫는 게 중요하다. 또한 우리는 이런 종교 간의 연결과 교류의 흔적을 살펴보면서 '나홀로 종교'는 존재하지 않는다는 사실을 겸허히 받아들이고 이웃 종교에 존경심을 가져야 한다.

∞ 조로아스터교

조로아스터교는 고대 페르시아의 종교로 인도의 힌두교와 근원이 같다. 인도와 페르시아는 아리아족이라는 공통의 뿌리가 있다. 아리아족은 유럽 남동부 지역에서 살다가 대이동을 시작해 페르시아와 인도에 정착했다. 고대 페르시아인이 행했던 예배 의식과 고대 인도에서 행했던 불의 의식이 비슷한 것도 이런 이유 때문이다.• 그러나 뿌리는 같아도 풍요로운 상상력을 가진 이들이 다양한 환경과 각자의 경험에 따라 종교를 발전시켜 조로아스터교와 힌두교라는 다른 종교로 정착하게 되었다.

조로아스터(자라투스트라)는 서기전 600년 전후에 태어나 30세가 되었을 때 계시를 받아 지고한 존재인 아후라 마즈다를 만났다. 아후라 마즈다는 조로아스터에게 예언자의 소명을 주고 진정한 종교의 교리와 의무를 가르쳤다. 이후 8년 동안 조로아스터는 여섯 천사를 만나 자신이 해야 할 일과 사람들에게 가르쳐야 할 내용을 깨닫게 되었다.

조로아스터는 선한 유일신인 아후라 마즈다가 인간에게 의로움을 요구하는 도덕규범을 부과한다는 윤리적 유일신관을 가르쳤다. 원래 아후라 마즈다는 인도의 아리아인이 바루나라는 이름으로 숭배하던 도덕과 자연 질서의 신이었으나 조로아스터는 아후라 마즈다를 모든 악을 쳐부수고 세상에 진리와 의를 세울 지고신으로 인식했다. 조로아스터 이후 페르시아인은 고대 인도, 페르시아, 유럽 각지에서 섬기던 신들과 정령들을 통솔하는 최고신으로 아후라 마즈다를 경배하게 되었다.

조로아스터교의 경전 『아베스타』에서 우주는 선과 악이라는 두 원리로 이루어져 있다. 아후라 마즈다에게는 앙그라 마이뉴와 스펜타

---

* **현대의 조로아스터교**
오늘날 고대의 종교들은 거의 사라졌지만 조로아스터교는 소멸되지 않았다. 알렉산드로스 대왕의 정복으로 페르시아는 그리스의 영향을 받기도 했지만, 조로아스터교는 정체성을 잃지 않고 살아남아 서기 3세기에는 사산조 페르시아의 국교가 되었다. 7세기 이슬람의 강요로 인도로 이동한 페르시아인들은 뭄바이 지역에 정착했다. 현재는 신도 수 25만 명 정도의 작은 종교가 되었다. 인도 사람들은 이들이 페르시아에서 왔다는 뜻으로 파르시라고 부른다.

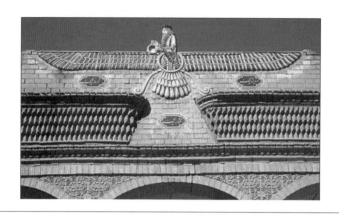

조로아스터교의 유일신 아후라 마즈다. 아후라 마즈다는 아베스타어로 '지혜로운 주'라는 뜻이다.
조로아스터교는 유대교와 그리스도교에 영향을 미쳤다.

마이뉴라는 쌍둥이 아들이 있었는데, 앙그라 마이뉴는 악을 택하고
스펜타 마이뉴는 선을 택했다고 한다. 아후라 마즈다에게서 탄생한
선한 영과 악한 영은 늘 대립했다. 악한 영은 후대에 와서 샤이틴Shaitin
즉 사탄Satan이라 불리게 되었다. 세상에는 항상 선과 악, 두 세력이
함께 존재해 진실에 대해서는 거짓, 삶에 대해서는 죽음이 있게 되었
다. 아후라 마즈다는 자신의 피조물들에게 선택의 자유를 주어 스스
로 선과 악을 선택할 수 있게 했으나 그 책임은 스스로 져야 했다.

조로아스터교는 천국과 지옥 개념도 발전시켰다. 죽은 자의 몸은
그들의 독특한 장사법葬事法에 따라 풍장風葬이나 조장鳥葬을 했다. 그들
은 동물이나 식물 등 다른 생명을 먹고 살았으니 죽을 때 자신의 몸
도 다른 생명에게 주고 가는 것이 당연하다고 생각했다. 몸은 들짐승
이나 새 등 다른 생명에게 주지만 영혼은 천국의 입구까지 가게 된

다. 올바르게 믿은 자는 천국의 다리를 무사히 건너 천국에 들어가고 거짓으로 믿은 자는 발을 헛디뎌 지옥으로 떨어진다.

조로아스터교는 종말론 신앙도 갖고 있었다. 조로아스터의 시대가 가고 3,000년이 지나면 세상에 종말이 오는데, 그때 구세주가 나타나 천국, 연옥, 지옥에 있던 모든 인간이 부활해 최후의 심판을 받고 이때 모든 악은 소멸하게 된다. 조로아스터교의 구원관과 종말 사상은 유대교, 그리스도교, 불교, 이슬람교 등 그 후에 발흥한 세계종교에 큰 영향을 미쳤다.

조로아스터교는 불을 신성시했기에 배화교拜火敎라고도 불리었는데 유일신을 예배하던 이 페르시아 종교는 서기전 6세기 바빌로니아에 포로로 잡혀왔던 유대 지식인층에 큰 영향을 주었다. 이때 제2이사야 등 유대 선각자들은 그동안 자기 민족만 사랑하고 도와준다고 믿었던 '민족신'으로서 '야훼 신앙'이 얼마나 편협하고 지엽적인지 깨닫게 되었다. 유대인은 페르시아인의 종교관을 통해 우주 만물을 창조하고 통치하는 전능한 신이 특정한 민족만 편애할 수 없다는 점을 깨달았다. 그리고 그동안 섬겨오던 야훼 신앙을 유대 민족의 경계를 넘어 온 세계를 만들고 섭리하는 '전능하신 유일신 신앙'으로 재해석했다.

유대교의 야훼 신앙은 서기전 5세기경부터 민족의 경계를 넘어 세계종교로 발돋움할 가능성을 품게 되었다. 하지만 배타적 민족주의에 갇힌 유대 민족이 폭넓게 받아들이지 못해, 예수가 탄생하기까지 500여 년의 세월 동안 민족 신앙으로 남아 있어야 했다. 예수는 유대인으로 태어났지만 그의 가르침은 그리스도교의 태동으로 이어지면서 세계종교로 뻗어나가게 되었다.

∞ 고대 이집트 종교

거대한 피라미드와 스핑크스, 나일강, 뜨거운 햇볕과 사막, 미라 등이 우리가 이집트를 생각하면 떠올리는 것들이다. 이집트는 세계 4대 문명의 발상지로 그 찬란했던 문명의 흔적은 지금도 곳곳에 남아 있다. 고대 종교가 제일 먼저 활짝 꽃핀 곳도 메소포타미아와 이집트였다. 두 지방은 지리적으로 가까웠기 때문에 이름은 다르지만 성격이 비슷한 신이 많았다.

이집트에서는 태양신 라Ra와, 나일강과 저승의 신 오시리스, 오시리스의 아내 이시스가 가장 많이 숭배되었다. 라가 늙자 태양신의 지위는 오시리스와 이시스의 아들 호루스에게 승계되었다. 고대 이집트 사람들은 파라오를 살아 있는 호루스라고 믿었다.

고대 이집트인들은 사람이 죽어도 영혼은 죽지 않고 다른 세계에서 살게 된다는 믿음을 갖고 있었다. 그래서 죽은 사람의 몸을 미라로 만들고, 왕이나 귀족 등 세력이 큰 사람들을 위해 피라미드나 지하 깊숙이 거대한 무덤을 지었다.

오늘날에는 고대 메소포타미아와 이집트의 종교를 믿는 사람은 거의 없다. 그리스도교와 이슬람교가 차례로 그 지역을 차지하면서 고대 종교들이 사라졌기 때문이다.

아비도스의 세티 1세 신전 벽에 새겨진 호루스. 세티에게 살해당한 오시리스는 지하세계의 신이 되었고, 호루스는 현세의 지배자로 여겨졌다. 파라오들은 호루스와 자신을 동일시했다.

∞ 그리스 종교

고대 그리스인은 많은 신이 존재한다고 믿었다. 그들이 믿는 신은 오늘날 그리스도교를 비롯해 유일신 종교에서 믿는 '전지전능한 신'의 모습과는 거리가 멀었다. 신들은 사람과 같은 모습을 하고 사람들처럼 사랑하고 시기하고 싸우기도 했으며 정의롭지 못한 경우도 많았다. 하지만 초자연적인 능력이 있고 영원히 죽지 않고 살 수 있다는 점에서 사람과는 근본적으로 달랐다. 그리스인들은 사람은 아무리 뛰어나도 신의 능력을 넘어서기 어렵기에 사람이 뜻을 성취하고 인생을 행복하게 살려면 신들의 도움을 받아야 한다고 믿었다. 그리스인들은 땅속에도 여러 정령이 살고 있으며 하늘이나 바다에도 초자연적 존재들이 살고 있다고 믿었다.

그리스에 도시국가가 발달하고 사람들이 도시를 중심으로 살게 되면서 신들도 도시에서 살게 되었다. 그리고 도시마다 주도적인 위치를 차지하는 신이 등장했다. 한 예로 아테나는 아테네의 수호신으로 파르테논 신전도 아테나에게 바쳐진 것이었다. 천둥과 번개를 일으키는 신들의 아버지 제우스는 그리스 최고 신으로서 신들의 세계를 통치했다. 그 외에 헤라, 아폴론, 아르테미스, 아테나, 아프로디테(메소포타미아의 이슈타르) 등의 신이 주로 경배되었다.

호메로스●는 그의 서사시에서 그리스 신들의 모습과 성격, 그리고 운명을 자세히 묘사했다. 호메로스의 작품이 널리 읽히고 알려지면서 지방마다 다르게 해석하던 그리스의 신관神觀이 정리되기 시작했다. 호메로스는 그리스 신들을 귀족적인 성격에 자연의 여러 가지 힘을 관장하며, 올림포스산에 모여 사는 것으로 묘사했다.

그러나 모든 그리스인이 호메로스가 정리한 신관을 그대로 수용했던 것은 아니다. 일부 사람은 신이 갖고 있는 불멸성을 인간도 가질 수 있다고 생각해 영원히 살기 위한 길을 찾기도 했는데, 이런 종교

● 호메로스(Homeros, B. C. 800?~B. C. 750)
유럽 문학 최고이자 최대의 서사시인 「일리아스」와 「오디세이아」의 저자라고 전해지는 고대 그리스의 시인. 「일리아스」는 15,693행, 「오디세이아」는 12,110행의 장편 서사시며, 각각 24권으로 되어 있다. 두 서사시는 고대 그리스의 국민적 서사시로, 그 후의 문학, 교육, 사상에 큰 영향을 끼쳤고, 로마시대를 거쳐 그 이후 시대에도 서사시의 모범이 되었다.

제우스는 그리스 신들 중 최고 지배자로 비·천둥·번개 등 기상 현상과 인간 사회의 정치·법률·도덕 등을 지배했다.

적 욕구가 신비주의 종교[●] 형태로 나타나기도 했다.

철학자들은 호메로스가 정리한 신의 세계에 만족하지 못했다. 사람과 신은 어떻게 생겨났으며, 세계 자체는 어떻게 해서 존재하게 되었는지 보다 근원적으로 알고자 했다. 탈레스는 만물의 근원을 물이라고 했고, 아낙시메네스는 공기라고 했다. 헤라클레이토스는 불, 아낙

● 신비주의 종교

밀의종교(密儀宗敎, Mystery Religion)라고도 한다. 공식적인 대중 종교가 주지 못하는 종교 체험을 입교자에게 제공해주며 그리스 시대부터 인기를 끌었다. 그리스·로마 시대에는 다양한 비밀 종파가 있었다. 포도주와 쾌락의 신 디오니소스를 섬기던 의식에서는 음주와 합창, 성행위 등이 행해졌다. 오르페우스 제의는 피타고라스학파에 영향을 주었다고 한다.

시만드로스는 '무한한 어떤 것'으로 규정했다.

그러나 철학자들도 인격신의 존재를 부정하지는 않았다. 그들은 신들과도 교류하면서 자유롭게 학문에 힘써 그리스 문화는 철학, 종교, 문학 등 문화 전반에 걸쳐 고르게 발전했으며 오늘날에 이르기까지 인류 문화에 깊은 영향을 끼쳐 풍요로운 문화유산을 남겼다.

∞ 로마 종교

로마의 종교는 그리스의 종교관에 상당 부분 의존한다. 고대 로마의 종교는 막연하게 초자연적인 힘을 믿는 정도였다. 그리스 종교처럼 신과 정령에 대한 분명한 개념을 갖지 못했으며 인격신의 탄생과 활동에 대한 전설이나 신화도 없었다. 그리스가 아름답고 신나는 신화와 전설로 풍요로운 종교관을 가진데 비해 로마는 '로마의 종교'라고 내세울 만한 것이 별로 없었던 것이다.

그러나 로마는 어느 나라보다도 호방한 기질을 갖고 있었다. 이웃 나라의 문화에 거부감을 갖지 않고 필요한 것은 무엇이든 받아들였다. 이런 개방성은 로마가 세계로 뻗어가면서 로마의 토착 종교에 외국의 문화와 신앙이 빠르게 접목하는 밑바탕이 되었다. 그리스 신들은 거의 그대로 로마 신이 되었고, 바빌로니아를 비롯한 동방 종교의 신들도 받아들였다.

그러나 로마는 외국의 문화를 받아들이되 자기식으로 토착화했다.

로마는 그리스의 앞선 문화에서 종교와 문학 등 많은 것을 받아들였으나 법치주의와 정치력으로 이를 지배함으로써 문화적으로 종속되지 않고 오히려 로마의 기치 아래 지중해와 근동 문화를 통합, 발전시켰다.

3

그리스 · 로마 신화

∞ 신화와 역사는 다르다

신화란 옛날 사람들이 자신이 살고 있는 세계와 삶 또는 그 기원을 어떻게 이해해야 하는지 설명하기 위해 만든 '이야기'다. 그래서 신화는 실제 사건을 기초로 기록한 역사와 다르다. 역사는 '사실'에 일차적 의미를 둔다. 그러나 신화는 사실과 무관할 수 있다.

신화를 대할 때는 그 이야기가 전하고자 하는 의미가 무엇인지에 집중해야 한다. 만일 신화를 역사처럼 취급하면 우리는 그 이야기가 전하고자 하는 의미를 잃을 뿐 아니라 사실이 아닌 것을 사실화함으로써 진실을 왜곡하는 잘못을 범하게 된다. 다시 말하지만 신화에서 읽어야 하는 것은 사실이 아니라 의미다. 종교에는 이런 신화적인 요소가 많다.

그러나 종교인 중에는 신화로 전달된 것을 역사로 이해하려는 사람이 많다. 당연히 문제가 발생할 수밖에 없다. 다행히도 그리스·로마 신화를 읽으면서는 그런 고민을 할 필요가 없다. 그리스와 로마의 신들은 신화 속에 등장하는 '사람의 친구'인 것을 현대인이라면 누구나 알고 있기 때문이다.

그리스·로마 신화는 고대 그리스인이 만들어낸 신화와 전설을 로마인이 그대로 받아들이면서 두 세계의 중심 문화가 되었다. 그렇지만 이 신화 체계는 그리스 고유의 것만은 아니다. 그리스인보다 먼저 신화를 만들어낸 사람들도 있었고, 그리스인이 이웃 민족의 신화를 받아들이기도 하면서 변화·발전한 것이다. 지금 우리에게 알려진 그리스·로마 신화는 그런 변천 과정을 겪으면서 정리된 일종의 '완성판'이라고 할 수 있다.

신화는 초자연적 요소를 가지고 있다. 고대 그리스인들은 신이나 영웅에 대한 전설을 미토스Mythos라고 했다. 미토스는 '이야기'라는 뜻이다. 신들에 대한 이야기지만, 신의 이야기는 필연적으로 사람의 이야기와 함께 나타날 수밖에 없고, 신이 살아가는 환경, 즉 자연과 문화 전반에 걸쳐 이야기가 펼쳐진다. 재미있는 사실은 그리스·로마의 신들은 초월적 존재면서 인간적인 모습을 하고 있다는 점이다. 모습도 인간의 모습으로 그려지지만 사랑하고 질투하고 싸우고 자식을 낳는 등 이야기 전체가 인간화되어 나타난다는 특성이 있다.

∞ 그리스·로마의 창조 신화

고대 그리스인은 그리스도교나 이슬람교의 신과 같은 절대자가 있어서 세상을 창조했다고 생각하지 않았다. 신과 인간 이전에 만물이 자연스럽게 존재했으며 신과 인간은 나중에 생겨났다고 생각했다. 서기전 8세기의 서사시인 헤시오도스의 「신통기」에는 먼저 카오스(혼돈)●가 있었고 그 다음으로 가이아(땅)와 에로스(사랑)가 나타났다고 쓰여 있다. 카오스에서 다시 에레보스(어둠)와 닉스(밤)가 생겨났고 닉스와 에레보스 사이에서 아이테르(일반적인 하늘과 구분되는 높은 하늘)와 헤메라(낮)가 태어났다. 가이아는 우라노스(별이 빛나는 하늘)와 폰토스(바다)를 낳은 다음 우라노스와 사랑을 나누어 티탄이라고 하는 남신 5명과 티타니스라고 하는 여신 6명을 낳았고 마지막으로 크로노스를 낳았다. 이들을 티탄족이라고 하는데, 신적 존재면서 아득히 먼 인간의 조상으로 숭배받았다.

가이아는 또 키클롭스(외눈 혹은 둥근 눈의 거인)와 헤카톤케이레스(손이 100개인 거인) 등의 괴물을 낳았다. 티탄, 키클롭스, 헤카톤케이레스 등은 혼돈 상태에 있는 대자연의 힘을 상징하는 신들이었다.

● 카오스(Chaos)
만물이 발생하기 이전의 혼돈 상태를 말한다. 그리스인은 여기서 모든 것이 생겼다고 생각했다. 원뜻은 '입을 벌리다(Chainein)'로, 이것이 명사화해 '캄캄한 텅 빈 공간'을 의미하게 되었다. 카오스와 반대되는 개념은 코스모스(Cosmos)인데, 코스모스는 질서와 조화로 정돈된 우주를 뜻한다.

대지의 여신 가이아의 여러 모습을 연결해 그려놓은 꽃병. 서기전 460년 경에 제작한 것으로 추정된다. 꽃병의 위쪽 그림은 올림포스 신들과 가이아가 낳은 괴물 자녀들의 싸움을 묘사한 것이다.

∞ 올림포스의 신들

티탄족 가운데 가장 젊은 크로노스는 아버지의 생식기를 자르고 세계의 지배권을 차지한다. 그에게는 자식이 6명 있었는데, 그중 하나에게 왕좌를 빼앗길 것이라는 예언을 듣고 자식을 낳기만 하면 삼켜버렸다. 마지막 아들인 제우스를 낳았을 때 크로노스의 아내 레아는 아기를 낳을 때 입던 옷에 돌을 싸서 아기라고 속여 남편이 삼키게 했다. 이렇게 해서 목숨을 구한 제우스는 예언대로 왕위를 차지했다.

제우스는 성장한 뒤 아버지 크로노스가 삼켜버린 형제들을 토해내게 해 형제들과 더불어 세계를 통치했다. 형제끼리 제비를 뽑아 제우스는 하늘을, 포세이돈은 바다를, 하데스는 지옥을 각각 지배했다. 그

크로노스(오른쪽)와 레아(왼쪽). 크로노스는 왕위를 지키기 위해 자식들을 삼켰고, 제우스 역시 삼키려고 했다. 레아는 크로노스에게 제우스 대신 돌을 천에 싸서 건네고 있다.

리스에서 가장 높은 올림포스산은 신들의 공유지로 삼아서 그곳에서 함께 살았다. 절대 권력을 장악한 제우스는 번갯불을 무기로 삼고 우주를 지배했다.

제우스 지배하의 올림포스 주요 신은 다음과 같다. 그리스 이름으로 표기했으며 로마식 이름은 괄호 안에 넣었다.

- 올림포스와 세계를 지배하는 제우스(주피터).
- 제우스의 아내이자 누이로 결혼의 신이며 여신 가운데 최고인 헤라(주노).
- 제우스의 딸이며 전쟁과 지혜, 가정의 여신인 아테나(미네르바).

- 제우스의 딸이며 사랑과 미의 여신인 아프로디테(베누스).

- 제우스의 딸이며 숲과 사냥과 달, 출산의 여신인 아르테미스(디아나).

- 제우스의 누이며 곡물의 성장을 주관하는 여신인 데메테르(케레스).

- 제우스의 누이며 가정과 처녀의 여신으로 화로의 불을 주관하는 헤스티아(베스타).

- 제우스의 아들이고 태양신이며 음악, 의술, 궁술, 예언의 신 아폴론(아폴로).

- 제우스의 아들이고 전령이며 통신과 무역, 장사의 신으로 나그네의 수호신인 헤르메스(메르쿠리우스).

- 제우스의 아들이며 불과 대장장이, 기술의 신인 헤파이스토스(불카누스).

- 제우스의 아들이며 전쟁의 신인 아레스(마르스).

- 제우스의 아들이며 포도주의 신인 디오니소스(바쿠스).

- 제우스의 형제며 바다의 신인 포세이돈(넵투누스).

- 제우스의 형제며 죽음의 신, 지하 세계의 주인인 하데스(플루톤).

  이들은 올림포스산에서 영생의 음식인 암브로시아를 먹고 신주神酒인 넥타를 마시며 매일 향연을 벌였다. 신의 생활은 인간 생활과 비슷했지만 신은 인간과 달리 죽지 않는 몸을 갖고 있었고 동물이나 물체로 변할 수 있는 능력도 있었다. 그러나 인간과 마찬가지로 사랑과 미움 등의 감정에 따라 움직이기 때문에 신에게 반항하는 인간에게는 벌을 내리고 신을 존경하며 복종하는 인간에게는 호의를 베풀기도 했다.

∞ 인간의 탄생과 운명

그리스 신화에서 인간 탄생에 대한 신화는 다양한 형태로 존재하지만 대체로 인간이 대지에서 자연히 생겨났다는 이야기와 올림포스 신들이 인간을 만들었다는 이야기로 나뉜다. 신이 인간을 만들었다는 설화는 다음과 같다. 신들은 먼저 황금의 종족을 만들었고 이어 은의 종족, 동의 종족, 영웅들, 철의 종족을 차례로 만들었다. 고대 그리스인이 살던 시대는 철의 종족의 세대로 세계는 노동과 괴로움으로 가득 차 있어 인간은 화와 자멸의 길을 갈 수밖에 없다고 생각했다.

그리스 신화는 인간의 척박한 운명에 대해서도 들려준다. 티탄족인 프로메테우스('먼저 생각하는 사나이'라는 뜻)는 늘 인간 편에 서서 인간

불을 훔치는 프로메테우스. 그는 하늘의 불씨를 훔쳐 인간에게 준 대가로 쇠사슬에 묶여 독수리에게 간을 쪼이는 형벌을 받았다. 진흙으로 최초의 인간을 만든 것도 프로메테우스라고 전해지기도 한다.

을 도와주었다. 제우스가 인간에게 불을 주지 않자 인간 편을 들어온 프로메테우스는 하늘에서 불씨를 훔쳐 인간에게 주었다. 분노한 제우스는 쇠사슬로 프로메테우스를 묶어두고 인간에게도 벌을 주기 위해 대장간의 신 헤파이스토스에게 명령해 진흙으로 최초의 여자 판도라('모든 선물을 주는 여자'라는 뜻)를 만들어 프로메테우스의 동생 에피메테우스('나중에 생각하는 사나이'라는 뜻)에게 주었다. 판도라는 온갖 재앙이 담긴 상자를 갖고 있었는데, 지상에 오기 무섭게 호기심을 참지 못하고 뚜껑을 열었다. 그러자 그 속에 담긴 온갖 재앙과 죄악이 튀어나왔다. 판도라는 뚜껑을 닫았으나 상자 안에는 미처 빠져나오지 못한 '희망'만 남게 되었다. 그래서 인간에게는 언제나 '희망'이 유일한 위안이 된다.

∞ 그리스 · 로마 신화의 가르침

그리스 신화의 대부분은 신의 자손인 영웅들의 이야기로 꾸며져 있다. 가장 잘 알려진 이야기인 트로이 전설은 호메로스의 서사시 「일리아스」와 「오디세이아」에 수록되어 있는데 트로이의 왕자 파리스가 스파르타의 왕 메넬라오스의 아내 헬레네를 유괴한 사건으로 시작한다. 헬레네를 되찾기 위해 아가멤논을 총사령관으로 한 그리스군이 침공하여 트로이 전쟁이 시작된다. 용맹한 장수 아킬레우스, 지장 오디세우스, 목마, 트로이 함락, 오디세우스의 귀국 등의 이야기

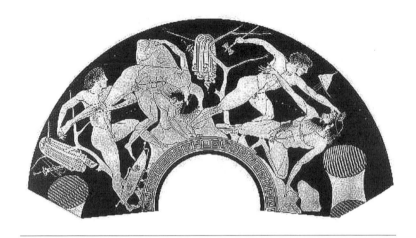

프로크루스테스는 자기 침대의 길이에 맞춰 사람의 키를 억지로 늘이거나 줄였다. 프로크루스테스의 악행은 아티카의 영웅 테세우스를 만남으로써 끝났다. 테세우스는 프로크루스테스를 잡아서 침대에 누이고 똑같은 방법으로 그를 처치했다.

가 흥미진진하게 펼쳐진다. 제우스의 아들 헤라클레스는 그리스 신화 최고의 영웅으로 그와 관련된 이야기도 많다.

그리스·로마 신화에는 현대인이 새겨들을만한 뜻깊은 교훈이 많다. 프리기아의 왕 미다스는 술의 신 디오니소스가 무슨 소망이든 한가지를 들어주겠다고 하자 자기의 손이 닿는 모든 것을 황금으로 변하게 해달라고 요청했다. 소망은 즉시 이루어졌지만 미다스는 난처한 상황에 빠지게 되었다. 먹을 음식조차 그의 손이 닿는 즉시 모조리 황금으로 변해버렸기 때문이다. 미다스는 다시 디오니소스에게 빌어 겨우 목숨을 건질 수 있었다. 돈이면 무엇이든 할 수 있다고 생각하는 사람에게 들려주는 지혜로운 이야기다.

현대인이 새겨들어야 할 중요한 교훈을 담은 이야기를 하나 더 소개하고 싶다. 아테네 근교에 살던 프로크루스테스라는 노상강도는 침대를 하나 갖고 있었다. 그 침대는 프로크루스테스에게 사람의 키를 재는 절대 기준이었다. 프로크루스테스는 사람을 잡아와서 침대에 눕혀놓고 침대 길이보다 키가 큰 사람은 다리를 잘라 침대 길이에 맞추고, 침대 길이에 비해 키가 모자라는 사람은 억지로 키를 늘려 침대에 맞추었다.

프로크루스테스는 지금도 있다. 자기가 생각하는 기준에 맞지 않으면 이리저리 자르고 늘려서 기필코 자기 기준에 맞추어놓으려는 현대판 프로크루스테스를 그리 어렵지 않게 만날 수 있다. 현대판 프로크루스테스는 정치권과 법조계에도 있지만 가장 거룩하고 순결하며 넉넉해야 할 종교인 가운데서도 드물지 않게 발견할 수 있다. 나도 혹시 프로크루스테스의 침대를 갖고 있는 것은 아닌지 돌아보아야 하지 않을까.

3

유일신 종교

1

유대교

∞ 유대교의 기원

유대교가 지금과 유사한 체계를 갖추기 시작한 것는 서기전 5세기 경이었다. 그러나 그 뿌리는 서기전 2000년경까지 거슬러 올라간다. 『히브리 성서』*에서, 유대 민족의 '신앙의 조상' 아브라함은 메소포타미아의 기름진 땅에서 살았다. 어느 날 하느님이 아브라함에게 나타나 그 땅을 떠나라고 말했다. 새로운 땅, 신천지로 인도하겠다고 약

---

* 『히브리 성서』
그리스도교 경전인 『성서』의 구약 부분으로, 종교학자들은 『구약성서』라는 호칭이 유대인에게 결례라고 해 『히브리 성서』라고 부르고 있다. 그리스도교의 『성서』는 예수 이전의 기록인 『구약성서』와 예수 이후의 기록인 『신약성서』로 구분되며, 유대교는 『구약성서』를 신의 말씀으로 받아들이지만 『신약성서』는 인정하지 않는다.

이스라엘 민족의 조상인 아브라함. 「창세기」에 기록된 그의 이야기는 이스라엘 민족의 기원과 형성을 말해준다. 아브라함은 유대교·그리스도교·이슬람교 등 유일신 종교의 공통 조상이다.

속한 것이다.

아브라함은 하느님의 뜻에 순종했다. 늘 착하고 신실한 아브라함을 기특하게 여긴 하느님은 그에게 "네 후손을 바닷가의 모래알처럼 번성하게 해주겠다"고 약속했다. 약속은 이루어졌다. 오늘날 유대교뿐만 아니라 그리스도교, 이슬람교까지 아브라함을 믿음의 조상으로 받들고 있다.

∞ 아브라함과 그의 후손들

아브라함은 목축을 주업으로 하는 유목 민족의 족장이었고 그에게는 돌보아야 할 수십 명의 가족과 종, 많은 가축이 있었다. 식솔을 먹여 살리려면 넓은 평원과 풍족한 물이 필요했다. 그러나 가나안은 그리 기름진 땅이 아니었다. 가뭄이 계속되면 먹을 물이 없어 가축들이 거품을 물고 쓰러졌다. 아브라함은 가뭄이 들 때면 멀리 이집트까지 물을 구하기 위해 대식구를 거느리고 이동해야 했다. 나일강이 길게 굽이쳐 흐르는 이집트는 물이 풍족했지만 늘 위험이 도사리고 있었다.

이스라엘에 대한 최초의 기록이 담긴 메르넵타 석비. 이 석비는 람세스 2세의 13번째 아들인 메르넵타가 팔레스타인 지역을 평정한 후 업적을 기록한 것인데, 정복한 여러 민족 중 하나로 이스라엘의 이름이 거론되었다.

어느 날 파라오가 아브라함의 아내 사라의 미모에 반해서 청혼하는 일이 벌어졌다. 아브라함은 사라가 자기 아내라고 말하면 왕이 자신을 죽이고 강제로 아내를 빼앗을까 염려해 누이라고 속이고 파라오에게 넘겨주었다. 그러나 하느님은 파라오의 꿈에 나타나 사라를 지켜주었다.

아브라함이 가졌던 족장의 계보는 그의 아들 이삭에게, 그리고 이삭의 둘째 아들 야곱에게 이어졌다. 야곱은 성격이 특이한 인물로 형에서를 여러 번 골탕 먹이고 장자長子의 계승권을 차지했다. 그에게는 열두 아들과 딸 하나가 있었는데 그 열두 아들이 이스라엘의 열두 지파를 형성했다. 야곱은 파란만장한 삶을 살았는데 그의 열한 번째 아들 요셉이 이집트의 국무총리가 되어 생애 말년에는 가족이 모두 이집트에 가서 정착했다.

∞ 영도자 모세

야곱의 후손은 이집트에서 약 400년간 정착 생활을 했다. 처음에는 국무총리 집안이라 대접을 잘 받았지만 혁명이 일어나 정권이 바뀌면서 학대를 받는 처지가 되었다. 노예로 전락한 야곱의 후손들은 거칠고 험한 일에 내몰렸다.

거대한 건축물을 짓는 현장에는 많은 노예가 필요했으며 노예의 인권은 존중되지 않았다. 야곱의 후손들은 자기 조상의 하느님, 즉 아브라함의 하느님, 이삭의 하느님, 야곱의 하느님께 살려달라고 기도했다. 하느님은 자기 백성의 탄원을 듣고 뛰어난 영도자를 세워 이들을 구해내기로 했다. 그런데 모세가 태어날 즈음, 이스라엘 민족의 수가 많아지자 이들이 이집트와 싸워 독립을 쟁취하려 할지 모른다는 불안감에 시달리던 파라오가 이스라엘 민족의 인구 증가를 막기 위해 사내아이가 태어나면 죽이라는 명령을 내렸다. 이런 와중에 태어난 모세는 나일강에 버려졌지만 하느님은 그를 구원해 이집트 공주의 손에서 자라게 했다.

40년 동안 이집트 왕궁에서 선진 문화와 무예를 익힌 모세는 40세 되던 해에 자기 민족을 학대하는 이집트인을 죽이고 광야로 도망쳤

미켈란젤로의 모세상. 모세는 이스라엘의 종교 지도자이자 민족 영웅이었다. 모세는 이스라엘 민족을 해방시키라는 야훼의 음성을 듣고 430년간 혹독한 노예 생활을 하던 이스라엘 백성을 이끌고 광야로 나갔다. 광야에서 40년 동안 유랑한 끝에 마침내 약속의 땅 가나안으로 들어갔다.

다. 미디안 광야에서 영적 수련을 쌓던 모세는 80세가 되던 해에 하느님의 부름을 받고 이스라엘을 구해낼 위대한 영도자로 사명을 받았다.

모세는 자기 백성을 놓아 보내라는 하느님의 뜻을 파라오에게 전달하지만 파라오는 코웃음을 칠 뿐이었다. 모세는 신의 능력으로 열 가지 재앙을 차례로 내렸다. 마침내 모세는 파라오의 항복을 받아내어 자기 민족을 이끌고 이집트를 떠나 광야 생활을 시작했다.

이스라엘 민족의 최종 목적지는 그들의 조상 아브라함과 이삭과 야곱이 살았던 가나안이었다. 그러나 이스라엘 백성은 주변에 정착한 여러 민족의 방해를 받아 가나안에 가지 못하고 40년 동안 광야에서 유랑 생활을 했다.

모세는 시나이 광야에서 이스라엘 백성이 지켜야 할 여러 법도를 정리해 십계명과 기타 법률을 제정했다. 『히브리 성서』에는 하느님이 직접 십계명을 돌판에 새겨 모세에게 준 것으로 기록되어 있다.

∞ 십계명과 율법

출애굽(이집트에서 노예로 살던 이스라엘 민족이 모세의 인도로 해방되어 나온 일을 말하는 것으로, '애굽'은 이집트를 말한다) 이후 아브라함의 하느님은 비로소 이스라엘 민족에게 자신의 이름을 '야훼'라고 알려주었다. 야훼는 이스라엘 민족의 삶과 역사를 관할하고 지배하는 유일신으로

독일 쾰른 대성당의 스테인드글라스. 모세가 하느님이 친히 기록한 율법과 계명이 담긴 증거판을 받고 있다.

서 자기 백성에게 정의로운 삶과 신에 대한 순종을 요구했다. 순종하는 사람에게는 복을 주고 불순종하는 사람에게는 벌을 내리겠다고 약속하며 지켜야 할 여러 가지 율법을 자세히 알려주었다. 그 율법의 중심에 십계명이 있는데 그 내용은 다음과 같다.

- 다른 신을 섬기지 말라.
- 우상을 섬기거나 절하지 말라.
- 하느님의 이름을 함부로 부르지 말라.

- 안식일을 거룩하게 지켜라.

- 부모를 공경하라.

- 살인하지 말라.

- 간음하지 말라.

- 도둑질하지 말라.

- 이웃에게 불리한 거짓 증언을 하지 말라.

- 이웃의 소유물을 탐내지 말라.

십계명은 참다운 신은 오직 하느님 한 분이므로 다른 신을 섬겨서는 안 된다는 선언으로 시작한다. '오직 한 분이신 하느님'이라는 믿음은 유대교 신앙을 가장 잘 나타내주는 말이다. 이렇게 세상에 참 신은 오직 하나이며 다른 신은 모두 거짓이라고 믿는 종교를 유일신 종교라고 한다. 이 유일신 신앙은 후에 그리스도교와 이슬람교에 전해졌다.

이스라엘 민족은 야훼의 뜻에 언제나 순종하지는 못했다. 『구약성서』에는 올바른 삶과 순종을 요구하는 야훼 하느님과 현실의 요구에 흔들리는 이스라엘 백성 간의 긴장과 갈등이 주조±潮를 이루고 있다. 이스라엘 민족이 가나안에 정착하고 농경 생활을 하게 되자 자연히 그 땅의 농경신 바알●의 영향을 받게 되었다. 이스라엘 민족은 "야훼

● 바알(Baal)
고대 셈족의 남신으로 바알이라는 이름은 '주(±)' 또는 '소유자'라는 뜻이다. 페니키아 신화에서는 각 도시의 수호신으로 숭배되었다. 『구약성서』에서는 토지 소유자로 간주되는 신들을 바알이라는 이름으로 총칭한다.

는 광야의 신이며 여기서는 이 땅의 신인 바알을 섬겨야 농사를 잘 지을 수 있다"고 주장하는 가나안 원주민의 유혹을 받았다. 야훼는 광야의 신이요 전쟁의 신이기에 농사에는 적합하지 않은 것으로 생각한 이스라엘 사람들은 야훼 신앙을 버리고 바알 신앙을 선택하기도 했다.

∞ 위대한 예언자들과 바빌론 포로 생활

이스라엘 민족이 야훼 하느님을 배반하자 예언자들이 나타나 백성들을 책망했다. 서기전 10세기부터 시작된 예언자들의 활동은 엘리야와 엘리사, 아모스, 호세아 등 북왕국 이스라엘의 예언자들과 이사

시스티나 성당 천장화에 그려진 예언자 이사야의 모습. 이사야는 이스라엘이 번영하던 시기에 태어나 민족의 멸망을 예견하고 경고한 예언자였다.

야, 미가, 예레미야 등 남왕국 유다의 예언자들에게 이어졌다. 예언자들은 다윗과 솔로몬 이후 나라의 운명이 기울어진 이유를 야훼 하느님을 배반했기 때문으로 보았으며 이스라엘 백성이 회개하고 하느님께 돌아오는 길만이 국가의 위기를 극복하는 길이라고 한목소리로 외쳤다.

솔로몬 이후 이스라엘은 남과 북으로 갈라졌다. 북왕국 이스라엘은 서기전 722년 아시리아에, 남왕국 유다는 서기전 586년 바빌로니아에 정복되었다. 그러나 이스라엘 민족이 겪게 된 바빌론 포로 생활은 그들의 종교에 더 많은 발전을 가져다주었다.

바빌로니아의 선진 문화는 이스라엘 민족●의 종교를 문서로 남기는 데 도움을 주었다. 뿐만 아니라 넓은 세계와 다양한 문화, 세련된 종교와 철학을 접하게 된 이스라엘 지식인들은 지금까지 야훼 하느님을 자기 민족의 수호신으로 가두어두었다는 자각을 하게 되었다. 이러한 때에 위대한 선지자 제2이사야(「이사야서」의 저자는 한 명이 아니라 여럿이다. 앞부분의 저자를 제1이사야라고 칭하고, 뒷부분의 저자를 이와 구분

● 이스라엘인과 유대인

『히브리 성서』에서 이스라엘 민족은 아브라함의 후손이지만 그들의 직계 조상은 아브라함의 손자인 야곱이다. 야곱은 끈질긴 기도로 신의 축복을 받아내 '이스라엘(하느님과 겨루어 이겼다는 뜻)'이라는 칭호를 얻었다. 유다(또는 유대)는 이스라엘의 넷째 아들이다. 솔로몬 이후 이스라엘이 남과 북으로 갈라졌을 때 북왕국은 12지파 중 10지파가 모여 '이스라엘'이라는 칭호를 그대로 사용했다. 남왕국은 유다 지파와 베냐민 지파가 모여 나라를 이루었는데 유다 지파가 중심이 되었으므로 '유다'라는 이름을 얻게 되었다. 이후 북왕국 이스라엘은 아시리아에 멸망당한 후 이민족과 섞여 사마리아인(이스라엘의 수도 사마리아에서 유래)이라고 불리었고, 유다는 바빌로니아에 종속되었지만 페르시아의 지배 아래 해방되어 '유다'라는 이름을 유지하게 되었다. 오늘날 우리가 이스라엘 사람을 유대인이라고 부르게 된 것은 이런 이유 때문이다.

해 제2이사야라고 부른다)가 나타나 '우주 만물을 통치하는 유일신으로서의 야훼'를 새롭게 전달하며 이스라엘 민족에게 보다 진보한 '야훼 종교관'을 심어주었다.

∞ 유대교Judaism의 출현

서기전 538년 바빌로니아를 정복한 페르시아는 유화 정책을 펴서 유대인들이 고향으로 돌아갈 수 있도록 했다. 앞선 문화와 종교를 체험한 유다 지도자들은 자신들의 종교의식을 회복하고 「모세오경」*을 완성해 유대교를 더욱 정교하게 재조직했다.

서기전 333년 알렉산드로스 대왕이 이수스 전투에서 페르시아 왕 다리우스 3세의 군대를 대파하고 페르시아로 진격했다. 페르시아의 속국이던 유다는 그리스의 지배 아래 들어가게 되었다. 알렉산드로스 대왕이 죽은 뒤에 유다의 지배권을 이어받은 나라는 그리스화한 이집트였다. 당시 이집트의 왕조는 프톨레마이오스 왕조였는데 유다와 사이가 좋았다. 서기전 300~250년경 이집트의 알렉산드리아에

---

* 「모세오경」
「히브리 성서」의 첫 5권으로 「창세기」, 「출애굽기」, 「레위기」, 「민수기」, 「신명기」를 말한다. 유대인들은 모세가 직접 썼다고 해서 전통적으로 「모세오경」을 가장 권위 있는 책으로 인정했다. 그러나 현대 종교학자들은 「모세오경」이 오랜 전승 과정을 거쳐 기록되었으며 기록자도 여러 명이라고 주장한다.

서 지금의 『히브리 성서(구약성서)』가 그리스어로 번역, 출간되었다. 『70인역Septuagint』이라 불리는 이 번역본은 후에 발생한 그리스도교에 더욱 유용한 자료가 되었다.

『70인역』이라는 이름은 이스라엘의 12지파에서 6명씩 선택된 학자 72명이 번역했다는 전설에서 유래한 것으로, 정확히 말하면 '72인역'이라고 해야 하겠지만 편의상 '70인역'이라고 부른다. 『70인역』은 히브리 사상의 국제화에 큰 공헌을 했다. 『70인역』은 그리스어를 읽을 줄 아는 사람들 사이에 널리 퍼져 유대인뿐 아니라 이방인들, 특히 철학에 관심이 많은 그리스인이 애독했고 훗날 그리스도교가 로마제국 곳곳으로 뻗어나가는 데 중요한 역할을 했다. 사도 바울을 비롯해 『신약성서』의 저자들이 『구약성서』를 인용할 때도 그리스어로 된 『70인역』을 인용했다.

서기전 200년 이집트와 밀월을 즐기며 평화로운 시기를 구가하던 유다에 큰 위기가 닥쳐왔다. 이집트와 사이가 나빠진 시리아가 유다를 정복한 것이다. 서기전 168년에는 시리아의 안티오코스 4세가 이집트를 공격했다. 알렉산드리아를 거의 함락할 뻔했지만 지중해의 새로운 강자로 떠오른 로마의 간섭으로 실패하고 말았다. 곧이어 안티오코스 4세가 죽었다는 소문이 유다 전역에 퍼졌고, 예루살렘의 유대인은 반란을 일으켰다. 그러나 소문은 사실이 아니었다. 이집트에서 퇴각하던 안티오코스 4세는 예루살렘으로 진격해 1만 명이 넘는 주민을 학살했다.

안티오코스 4세는 유대인이 『성서』를 읽지 못하도록 금지령을 내

로마 황제 티투스가 70년 예루살렘을 정복한 것을 기념해 세운 개선문의 부조. 로마 군인들이 예루살렘 성전에 있었다는 촛대를 옮기고 있다.

렸다. 『성서』를 읽다 발각되면 가차 없이 처형했다. 할례를 행하면 그 아이와 아버지, 집행한 제사장까지 사형에 처했다. 그는 『성서』에서 부정한 짐승으로 분류한 돼지를 성전에서 잡아 그 피를 성소에 뿌리기도 했다.

이런 극한 상황에서 유다 백성들의 동향은 크게 세 가지로 나타났다. 시리아의 정책에 타협한 사람들이 있었다. 그들은 후에 사두개파를 형성했다. 끝까지 버티거나 저항해 게릴라전을 펼친 사람들도 있었다. 이들을 따르는 사람들이 후에 바리새파를 형성했다. 속세를 떠나 은둔한 사람들도 있었다. 악이 판을 치는 세상에서 살기를 단념하고 사해 지방에 은둔한 사람들은 '쿰란 공동체'를 만들었다. 이 사람들은 후에 에세네파를 이루었다.

∞ 하스몬 왕조와 로마의 지배

유다 마카비우스가 지휘하는 민족 해방군이 마침내 시리아를 몰아내고 독립을 쟁취했다. 독립군이 언제 결성되었는지는 명확하지 않지만 서기전 168년 이후에 결성된 것으로 보인다.

제사장 마타디아와 그의 아들 유다 마카비우스의 뛰어난 지도력으로 독립군은 게릴라전을 펴면서 시리아군을 괴롭혀 서기전 164년 12월 25일 마침내 예루살렘을 점령했다. 서기전 586년 바빌로니아가 예루살렘을 함락한 후 거의 420년 만에 독립을 되찾은 것이다. 마타디아의 후손이 다스린 이 왕조는 유다 마카비우스의 조상 하스몬의 이름을 따서 하스몬 왕조라 불리게 되었다. 서기전 64년 시리아는 로마제국에 멸망당했고 다음 해인 서기전 63년 하스몬 왕조는 로마의 장군 폼페이우스에게 화평을 요청해 유다는 로마제국의 한 주로 편입되었다.

유다의 독립은 불과 100여 년을 유지하지 못했다. 강대국의 침략과 찬탈에 지친 유대인들은 언젠가 메시아가 나타나 로마를 징벌하고 유대인 이상 사회를 건설할 것으로 믿었다.

사해 근처의 마사다 요새. 사방이 절벽으로 되어 있다. 로마제국의 지배에 항거한 유대인들의 반란은 70년 예루살렘이 함락된 뒤에도 계속되었고 그 마지막 싸움터가 마사다 요새였다. 10배에 가까운 로마군과 맞서던 유대인들은 결국 집단 자살로 항거의 막을 내렸다고 한다. 이후 유대 민족은 나라를 잃고 세계 각지로 흩어졌다.

∞ 유대 독립 전쟁과 『탈무드』

로마에 대한 유대인의 반감은 대규모 반란으로 폭발했다. 서기 66년에 시작해 3년 동안 끈질기게 저항했으나 서기 70년 로마제국의 티투스 장군이 무참하게 진압하고 예루살렘을 완전히 파괴했다. 저항군은 천연의 요새 마사다로 이동해 저항했으나 3년 만에 진압되고 말았다.

서기 114년과 132년에 유대인은 다시 봉기를 일으켰다. 132년의 봉기는 3년 반 동안 지속되었으나 결국 실패로 돌아갔다. 로마는 예루살렘뿐 아니라 유대 전역을 철저히 파괴했다. 뿔뿔이 흩어진 유대인은 이후 2,000년 동안 긴 방랑을 하게 된다.

유대 민족이 그 긴 시간 동안 멸망하지 않고, 유대 민족으로서 정체성을 유지할 수 있었던 것은 종교적 확신 때문이었다. 유대교 회당(시너고그)과 『탈무드』는 유대인을 지탱해준 2개의 기둥이었다. 랍비들은 나라가 멸망한 후에도 유대 공동체의 사상과 문화를 이끌었다. 예루살렘 성전은 없어졌지만 유대인은 회당에서 모임을 지속했다. 회당에서는 경전을 낭독하고 토라를 해석했다.

랍비들은 사제는 아니었지만 교사로서 새로운 세상에서 어떻게 신의 말씀을 지킬 것인지 후세 교육에 힘을 기울였다. 시민 다수가 문맹이었던 당시에 구성원 대부분이 글을 쓰고 읽을 줄 아는 민족은 유대 민족뿐이었다. 랍비들은 그때까지 이어져온 율법을 정리해 『미슈나』를 만들었고, 『미슈나』를 해설한 『탈무드』●도 편찬했다. 이 경전들은 유대인의 종교적·정신적 토대가 되어주며 나라 없는 유대인을 하나로 묶어주었다.

서기 250년경 유대교와 그리스도교의 세력이 엇비슷해지고 이후 세력이 역전되었다. 313년 밀라노 칙령으로 그리스도교가 공인되고 392년 로마제국의 국교가 된 후 유대교는 박해를 받기 시작했다. 예수를 핍박하고 죽인 사람들의 종교라는 것이 이유였다.

∞ 중세의 유대교

나라를 잃고 세계 각지를 떠돌던 유대인들은 독특한 생활양식과 배타적 종교성 때문에 환영받지 못했다. 유대인은 그리스도교 천하가 된 세상에서 '하늘 아버지의 외아들 예수를 죽인 배은망덕한 민족의 후예'라는 오명을 뒤집어쓰고 살아야 했다. 땅은 신이 주신 거룩한 것이므로 유대인은 그곳에 씨를 뿌려서는 안 되었다. 당시 생존권과 같았던 농사를 지을 수 없게 된 것이다. 그리스도인과의 결혼도 금지되었다. 공무원으로 일할 수도 없었고 군인이 될 수도 없었다. 그

---

* 「미슈나」와 「탈무드」
「미슈나」는 서기전 5세기 이후 구전되어온 여러 법적 전승을 약 4,000개에 달하는 율법 조항으로 정리한 것으로 서기 3세기 초에 이르러 문서화 작업이 완성되었다. 「탈무드」는 히브리어로 '교훈'이라는 뜻인데, 서기전 5세기부터 서기 5세기까지 약 1,000년에 걸쳐 쓰인 유대인의 삶과 신앙에 대한 지혜서다. 「히브리 성서」가 교과서라면 「미슈나」와 「탈무드」는 그 교과서에 대한 해설서와 지침서라고 할 수 있다.

들이 할 수 있는 일은 장사 외에는 거의 없었다.

그리스도교 광신자들이 유대인을 습격하고 회당에 불을 지르는 일이 자주 일어났지만 대부분 무시되고 방치되었다. 유대인 학살은 로마제국 어디에서나 일어났다. 유대인 박해는 서로마제국이 멸망하고 유럽이 게르만족을 비롯한 덜 문명화된 여러 민족의 세계가 되자 잠시 주춤했으나 이들도 그리스도교로 개종하면서 곧바로 재개되었다. 유대인은 조상들의 종교를 버리고 개종하거나 살기 위해 뭉쳐야 했다. 살아남은 유대인들은 토라(율법)와 『탈무드』를 주야로 암송하고 생업을 위해 서로 도와가며 연대했다. 중세 시대 고리대금업과 상업은 유대인이 거의 장악했다.

711년 이슬람이 이베리아 반도를 정복했다. 이 역사적 사건은 유대인에게 해방과도 같았다. 그리스도교 세계는 유대인에게 개종을 강요했다. 유대교 의식을 집행하다 발각되면 체포되어 노예로 팔리기도 했다. 이슬람도 개종을 권장하기는 했지만 강요하지는 않았다. 개종하지 않더라도 세금만 내면 시민으로서의 권리를 인정해주었다. 유대인들은 이슬람 지배하에서 상대적으로 더 많은 자유를 누릴 수 있었다.

그렇다고 이슬람이 유대인에게 언제나 관용을 베풀었던 것은 아니다. 12세기 북아프리카에서 발흥한 이슬람 극단주의자들은 유대인에게 개종을 강요하고 거부하는 유대인을 참수하기도 했다. 그러나 지엽적인 사례를 제외하고는 18세기 후반 나폴레옹이 등장하기 전까지 이슬람은 그리스도교에 비해 상대적으로 유대교와 유대인에게 너그러웠다.

11세기는 동서 그리스도 교회가 갈라선 시기다. 그리스도교 수장의 역할은 동로마 황제에서 로마교황에게 넘어왔다. 유대인에게는 비극이었다. 교황 그레고리오 7세는 유대인 고용 금지령을 내렸다. 이후 십자군 전쟁이 일어나기까지 유대인은 크나큰 고통의 시기를 맞게 된다. 유대인은 당시 치욕의 상징으로 간주되었던 노란색 천을 가슴과 등에 붙이거나 모자를 쓰고 다니도록 강요받기도 했다.

더 큰 재난은 십자군 전쟁 때 일어났다. 유대인은 유럽 전역에서 살해당하고 추방되었다. 당시 유럽 세계는 무지했다. 중세 시민의 문맹

유대인을 비하하는 그림. 중세 유럽에서는 유대인이 돼지를 불결하다고 여겨 먹지 않는 것을 폄하하며 유대인과 돼지를 함께 그리거나 조각해 그들을 조롱하기도 했다.

률은 거의 98퍼센트에 달했다. 일반 시민들은 사제의 설교에만 의존해 신앙생활을 했다. 경전을 직접 읽는다는 것은 생각조차 할 수 없었다. 무지한 시민들은 유대인을 그리스도를 죽인 악마의 자식으로 여겼다.

십자군 전쟁이 한창이던 13세기 독일과 영국과 프랑스는 차례로 유대인 거주권을 박탈했다. 유럽의 유대인들은 대거 스페인으로 이주했다. 그러나 1492년 이사벨 1세와 페르난도 2세가 이슬람을 스페인에서 축출하자 유대인은 스페인에서도 그리스도교로 개종하거나 떠나라는 압력을 받았다. 경제활동도 제한되었다. 유대인은 땅이나 집 같은 부동산을 소유할 수 없었고, 도시에는 유대인 거주 지역인 게토가 만들어져 그곳에서 벗어나지 못했다.

∞ 이스라엘 국가 수립

근대 이후 유럽에서 시작된 인본주의 사상은 유대인에게도 어느 정도 자유와 권리를 되찾아주었다. 1789년 프랑스혁명의 모토는 자유·평등·박애였다. 유럽을 점령한 나폴레옹은 이 가치를 유대인에게도 적용했다. 나폴레옹이 유럽을 지배하는 동안 유대인들은 시민권을 획득하고 자유를 향유할 수 있었다. 자유와 인권을 보장받은 유대인들이 곳곳에서 두각을 나타내기 시작한 것은 자연스럽고 당연한 결과였다. 그들은 노예보다도 못한 하층민으로 살아왔지만 글을 배우거나 공부하는 일에 무관심했던 대다수 유럽인과 달리 끊임없이 선조들의 지혜를 배워온 지식인이었다.

19세기 중반에 이르러 경제·사회의 각 분야에서 유대인들이 광범위하게 두각을 나타내자 반유대주의가 다시 고개를 들었다. 유대인 사이에는 유대인의 나라를 세우지 않으면 핍박에서 벗어날 수 없다는 생각이 퍼졌다. 시오니즘*이 태동한 것이다. 팔레스타인으로 이주하는 유대인이 늘어났고, 이들은 1909년 팔레스타인 서쪽 지중해 해안에 텔아비브라는 이름의 도시를 건설했다. 유대인은 영국을 상대로 로비를 벌여 1917년 11월 밸푸어 선언을 얻어냈다. 팔레스타인에 유대인 국가 수립을 지지한다는 내용이었다. 제1차 세계대전이 끝나자 더 많은 유대인이 팔레스타인으로 이주했다.

그러나 유대인은 난관에 봉착하게 된다. 밸푸어 선언은 제1차 세계대전으로 국력을 소진한 영국이 유대인의 경제력을 끌어들이기 위해 맺은 이중계약이었기 때문이다. 영국은 이미 2년 전인 1915년 10월 독일의 후방을 공격하기 위해 아랍 민족들과 협약을 맺고 맥마흔 선언을 발표했었다. 아랍 민족이 독일의 동맹국인 오스만제국을 물리치면 아랍이 독립할 수 있도록 지원하겠다고 약속했던 것이다.

---

* 시오니즘(Zionism)
유대인들이 옛 조상의 땅이었던 팔레스타인에 유대 민족국가 건설을 목표로 벌인 민족주의 운동을 말한다. 19세기 후반 중·동부 유럽에서 시작되었으며, 예루살렘 중심부를 지칭하는 '시온'이라는 땅 이름에서 시오니즘이라는 말이 유래했다. 유대인들은 1917년 11월 2일 밸푸어 선언을 얻어냈고, 1947년 10월 27일 UN은 팔레스타인을 아랍 국가와 유대 국가로 분할할 것과 예루살렘을 국제화할 것을 제안했다. 1948년 5월 14일 이스라엘 국가가 정식으로 세워졌다.

성전산 서쪽에 있는 통곡의 벽. 예루살렘 성전을 받치고 있던 기초 건축물의 서쪽 벽 일부다. 예수가 태어날 당시 유다를 통치했던 헤롯 왕 시대에 지어진 것으로, 로마가 예루살렘을 파괴한 뒤에도 남은 것이다. 지금은 온 세계로 흩어진 유대인들이 그들의 운명을 슬퍼하며 찾아와 기도하는 곳이 되었다. 유대인에게는 가장 성스러운 성지로, 벽 안쪽에 바위돔 사원이 있다.

　　제2차 세계대전이 일어나자 유대인에게 다시 재앙이 닥쳤다. 이 재앙은 그 이전의 어떤 재앙보다 크고 잔혹했다. 유대인과 공산주의를 모두 증오했던 히틀러는 유대인 대학살을 지시했다. 공산주의의 창시자인 마르크스를 비롯해 레닌과 트로츠키가 모두 유대인 혈통이라는 점은 러시아를 가장 두려운 적으로 여기던 독일 국민에게 유대인 증오를 부추기는 빌미가 되었다.

　　제2차 세계대전 승리 후 영국은 유대인과 했던 약속을 UN에 떠넘겼다. UN은 절충안을 내놓았다. 팔레스타인에 두 나라를 세우고 예루살렘도 둘로 나눈다는 것이었다. 1948년 5월 14일 마침내 유대 국가인 이스라엘이 건국되었다. 그러나 이스라엘은 세워진 바로 그해부터 주변 아랍국의 공격을 받아야 했다. 절체절명의 위기였지만 이스라엘은 미국의 지원을 받으며 세 차례 중동전쟁에서 모두 승리했다. 미국의 막강한 지원 배후에는 미국 곳곳에 퍼져 있는 유대인의 로비가 있었다.

∞ 현대의 유대교

현재 이스라엘의 인구는 약 800만 명이다. 이 중 유대인은 대략 550만 명이며 이들의 약 20퍼센트는 정통파 유대인, 60퍼센트는 개혁파 유대인으로 분류한다. 정통파 유대인은 율법과 전통을 철저히 준수하는 사람들이다. 개혁파 유대인은 시대에 맞게 변화를 수용한다. 이들의 중간에 보수파 유대인이 있다.

어머니가 유대인이면 자녀도 유대인으로 인정받는다. 아버지만 유대인이면 입교 절차를 거쳐야 유대인이 될 수 있다. 하지만 이스라엘을 건국할 때는 훨씬 너그러운 기준이 적용되었다. 부모는 물론 할아버지나 할머니 중 누구 하나라도 유대인이면 받아들였다. 유대인의 혈통이 전혀 없는 사람이라도 유대교로 개종하면 유대인으로 인정해주었다.

전 세계에 퍼져 살고 있는 유대인은 대략 1,400~1,500만 명에 이른다. 이스라엘 본토에 살고 있는 유대인보다 북아메리카, 유럽, 러시아에 살고 있는 유대인이 많다.[*] 이스라엘을 제외하고 가장 많은 유대인이 사는 나라는 미국이다. 약 660만 명에 이르는 미국 유대인의 10퍼센트 정도가 정통파고 개혁파는 35퍼센트 정도다. 이들은 현대 신학을 수용하며, 「모세오경」이 모세의 작품이 아니라 여러 자료의 편집이라는 문서설도 수용한다. 보수파는 안식일을 지키고 종교 전통을 존중하되 합리적인 개혁은 수용하는 사람들로 미국 유대인의 약 25퍼센트를 차지한다.

[*] 유대인의 갈래
로마제국이 예루살렘을 완전히 파괴한 후 유대인은 2,000년 동안 유럽과 중동 지역에 넓게 흩어져 살았다. 각 지역에 정착한 유대인은 점차 문화적·종교적 차이를 보이게 되었다. 지금은 유대인을 크게 10여 개 분파로 나눈다. 가장 많은 분파는 프랑스와 독일 등 유럽 중심부와 동유럽에 거주하는 아슈케나짐(Ashkenazim)과 스페인과 포르투갈에 주로 거주하는 세파르딤(Sephardim)이다. 아슈케나짐이 70퍼센트 이상, 세파르딤이 20퍼센트 정도다. 이외에 북아프리카와 중동, 중앙아시아에 퍼져 있는 미즈라힘(Mizrahim), 에티오피아의 팔라샤(Falasha), 예멘의 테이마님(Teimanim)을 비롯해 인도, 동남아시아, 중국과 미국까지 유대인이 살지 않는 곳은 지구 상에 거의 없다고 해도 과언이 아니다.

2

그리스도교

∞ 예수 탄생과 그의 가르침

그리스도교의 창시자인 예수가 태어날 무렵에 팔레스타인(당시 유대인들이 살던 지역으로 지금의 이스라엘보다 조금 넓다)은 셋으로 분할되어 로마제국이 임명한 왕 2명과 로마에서 파견한 지방장관이 다스리고 있었다. 당시 유대인들은 로마의 압제에서 자기 민족을 해방할 메시아를 기다리며 바리새파, 사두개파, 젤롯당, 헤롯당 등으로 나뉘었고, 아예 속세를 떠나 은둔 생활을 한 에세네파도 있었다.

예수는 서기전 4~6년 사이에 태어난 것으로 추측된다. 그의 어린 시절은 거의 알려지지 않았으나 세례 요한의 영향을 받은 것으로 추정된다. 약 30세가 되었을 때 예수는 독특한 사역을 시작했다. 그가 가르친 내용의 중심은 '하느님의 나라'였다. '하느님이 친히 통치하시는 완전한 나라'가 "아직 완성되지는 않았으나not yet 이미 시작되었다already"고 선언했다.

예수는 율법을 문자대로 해석하는 당시의 관습을 뛰어넘어 그 의미를 쉽고 분명하게 해석하고 가르쳤으며 가난한 자와 억눌린 자들 편에 서서 기득권 세력을 비판했다. 그는 이스라엘 민족의 하느님인 구약의 야훼 개념을 뛰어넘는 '하늘 아버지'를 가르쳤고 많은 기적을 행했으며 병자들을 고쳐주었다. 그는 이방인과 여자, 어린아이 등 당시에는 인정받지 못했던 소외된 사람들을 초대했으며 그들에게 복이 있다고 선언했다.

다음은 예수가 한 설교인데, 당시로서는 파격적인 내용이었다. 그리스도인들은 오늘날까지 이 설교를 산상수훈(산 위에서 들려준 빼어난 가르침이라는 뜻)이라 해서 즐겨 듣는다.

> (마음이) 가난한 사람은 행복하다. 하늘나라가 그들의 것이다.
> 슬퍼하는 사람은 행복하다. 그들은 위로를 받을 것이다.
> 온유한 사람은 행복하다. 그들은 땅을 차지할 것이다.
> 옳은 일에 주리고 목마른 사람은 행복하다. 그들은 만족할 것이다.
> 자비를 베푸는 사람은 행복하다. 그들은 자비를 입을 것이다.
> 마음이 깨끗한 사람은 행복하다. 그들은 하느님을 뵙게 될 것이다.
> 평화를 위하여 일하는 사람은 행복하다. 그들은 하느님의 아들이 될 것이다.

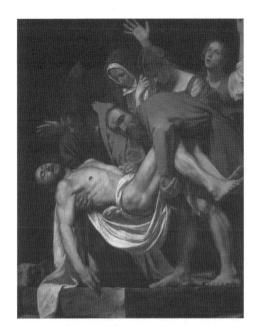

옳은 일을 하다가 박해를 받는 사람은 행복하다. 하늘나라가 그들의 것이다.

'마음이'라는 말을 괄호에 넣은 이유는, 이 말이 「마태오의 복음서」에는 있지만 같은 내용을 담은 「루가의 복음서」에는 없기 때문이다. 그리스도교 『성서』에 나타나는 이런 차이 또는 다양성은 그리스도교를 영성의 종교로 인식하는 사람과 사회성의 종교로 인식하는 사람의 견해 차이가 처음부터 존재했음을 암시한다. 이런 해석 차이와 다양성은 지금까지도 이어져오고 있지만 교회의 주류는 그리스도교의 사회성을 위험하게 여겨 억눌러왔다. 예수의 본래 의도가 무엇이건 자유분방하고 파격적인 그의 언행과 율법에 대한 위험한 해석은 유대인, 특히 당시 종교 지도자인 바리새인들의 분노를 샀으며 결국 그들의 모함에 예수는 십자가에서 처형당하고 말았다.

∞ 예수의 제자들과 경전의 완성

예수의 죽음은 그를 따르던 제자들에게 절망을 가져왔으나 곧이어 전해진 예수의 부활 소식은 새로운 종교의 탄생을 알리는 복음(기쁜 소식)이었다. 죽은 사람이 다시 살아났다는 소식은 새로운 해석을 가져왔다. 죽음에서 부활한 것은 악한 세상에 대한 승리며 진리와 선의 영원한 승리였다. 또한 예수의 부활은 그가 단순히 사람이 아니라 참 메시아며 하느님의 아들임을 증명하는 것이었다.

예수가 부활했다는 소식은 로마제국 전역으로 빠르게 퍼졌다. 유대교와 그리스철학에 능통한 뛰어난 학자 사도 바울은 초기 그리스도교의 사상 정립에 크게 공헌했다. 그는 그리스어로 번역된 『히브리 성서 70인역』을 인용해 수많은 편지를 써서 '예수는 유대인들이 대망한 그리스도(메시아)며 신의 아들'이라고 증언했다.

서기 50년경부터 그리스도교 초기 경전인 바울의 편지들이 쓰이기 시작했고 서기 70년경부터는 예수의 행적과 말씀을 기록한 복음서들이 쓰였다. 1세기 말엽에는 예수에 대한 이야기와 바울의 편지들이 『신약성서』의 한 부분으로 자리 잡기 시작했다.

17세기 화가 발랑탱 드 불로뉴가 그린 사도 바울. 바울은 유대교와 그리스철학에 능통한 학자로 『신약성서』에 수록된 많은 편지를 쓰고, 그리스도교 사상을 정립하는 데 공헌했다.

서기 90년 유대교는 얌니아 종교회의를 열어 『70인역』에서 7권을 빼고 24권만을 경전으로 확정했다. 이 회의에서 결정한 『히브리 성서』 24권은 오늘날 그리스도교가 인정하는 『구약성서』 39권과 구분법만 다를 뿐 내용은 완전히 같다. 여기서 빠진 7권은 오늘날 외경外經으로 분류되어, 가톨릭교회에서 사용하는 『성경』의 구약과 신약 사이에 들어 있다.

유대교 랍비들은 이 회의에서 "나사렛 사람들(예수를 따르는 사람들)과 이단자들을 사라지게 하소서……"라는 기도문을 넣어 그리스도교를 배척했다. 그러나 그리스도 교회들은 이 유대교의 정경을 그대로 수용했다. 복음서와 바울의 서신이 『히브리 성서』와 동등한, 혹은 그 이상의 권위를 갖게 될 것이라고는 생각조차 하지 못했을 때였다.

서기 100년경에는 대부분의 『신약성서』가 쓰였고 이 중에는 오늘 날 위경(僞經)이라고 불리는 책도 다수 있었다. 서기 140년경 마르키온 은 『히브리 성서』에 등장하는 신이 너무 난폭해 예수가 말한 하늘 아 버지일 수 없다고 주장하며 『구약성서』를 배척하고 자신이 수정한 『신약성서』를 출간해 그리스도 교회가 혼란에 휩싸이기도 했다. 이후 에도 어떤 책이 그리스도교 경전이 되어야 하는지 문제로 혼란이 이 어졌다. 그리스도교 교회는 마침내 서기 397년 카르타고 회의에서 『구약성서』 39권과 『신약성서』 27권을 정경으로 확정했다.

∞ 로마제국과의 갈등과 승리

십자가에 못 박혀 죽은 예수를 구세주로 믿는 초기 그리스도인들 의 독특한 신앙은 정통 유대교인은 물론 주변 민족들에게도 환영받 지 못했다. 그리스도교 의식으로 자리 잡은 성찬식은 사람을 죽여 그 몸을 먹고 피를 마신다는 오해를 불러일으키기도 했고, 당시 로마제 국에서 일반적으로 수용되던 다신교 신앙과 황제숭배 사상과도 마찰 을 일으켰다.

네로, 도미티아누스, 데키우스, 발레리아누스 등 그리스도교를 소 멸시키고자 박해했던 로마 황제들의 혹독한 탄압에 수많은 그리스도인이 순교로 저항했다. 탄압에 못 이겨 배교하는 이도 많았지만 원형 경기장에서 맹수의 먹이로 희생당하거나 화형을 당하면서도 끝까지 신앙을 지켜낸 신자도 수없이 많았다.

하지만 이제까지의 박해는 서막에 불과했다. 디오클레티아누스 황제는 로마에서 그리스도교를 완전히 소멸시키고자 거국적이고 체계적인 박해를 가하기 시작했다. 서기 303년 2월 24일, 디오클레티아누스 황제가 로마제국 전역에 내린 칙령이 제국의 공공건물 곳곳에 붙여졌다. 칙령은 다음 내용을 담고 있었다.

터키 이스탄불의 아야 소피아에 있는 도금 모자이크. 예수의 옆에 콘스탄티누스 황제가 있다. 콘스탄티누스 황제는 밀라노칙령을 내려 그리스도교 신앙의 자유를 선포했다. 교회 내의 분쟁이나 교리 논쟁에도 적극적으로 관여해 니케아공의회를 열고 예수를 완전한 신이자 완전한 인간으로 선언하고 삼위일체 교리의 기틀을 마련했다.

- 그리스도교 교회로 사용하는 건물은 모두 파괴한다. 개인 주택이라 하더라도 교회로 사용한다면 제외하지 않는다.
- 신도들의 모임은 이유 여하를 막론하고 금지한다. 미사나 세례식 등 그리스도교 의식은 물론이며, 결혼식이나 장례식이라도 그리스도교의 이름으로 모이는 것은 허락하지 않는다.
- 그리스도교 경전은 물론 그리스도교와 관계된 책, 미사에 사용되는 기구, 십자가, 예수상 등은 몰수해 소각한다.
- 그리스도인은 로마법의 보호를 받을 권리에서 제외되며 모든 공직에서 추방한다.

하지만 그리스도교는 이 혹독한 탄압도 견뎌냈다. 그리고 불과 10년이 지난 후 대반전이 일어났다. 콘스탄티누스 황제가 313년 밀라노 칙령을 내려 그리스도교 신앙의 자유를 허락한 것이다. 콘스탄티누스는 이전의 황제들과는 달리 끈질긴 탄압에도 굴하지 않는 그리스도교를 배척하기보다 손을 잡고 늙은 제국 로마의 안녕과 평화를 도모하고자 했다.

콘스탄티누스 황제는 325년 니케아공의회*를 소집했다. 이 회의에서 예수는 완전한 인간인 동시에 완전한 신으로 선포되어 삼위일체 교리의 기틀이 마련되었다. 사회적으로는 전지전능한 신의 아들이며

* 니케아공의회(Councils of Nicaea, Concilium Nicaenum)
지금의 터키에 있는 소아시아 니케아에서 동서 교회가 함께 모여 개최한 세계 교회 회의다. 325년 로마 황제 콘스탄티누스가 소집해 예수는 신의 성품을 가진 하느님이라고 선언했다.

신 자체인 예수의 이름 아래 제국을 하나로 통일하는 기반이 마련되었다.

니케아공의회는 일요일Sunday(태양신의 날)을 '부활하신 그리스도의 날'로 거룩히 지키도록 결의하기도 했다. 당시 로마제국에 널리 퍼져 있던 태양신 숭배자를 달래기 위한 조치였다. 이후 그리스도 교회는 365년 라오디게아 회의에서 정식으로 예배일을 안식일인 토요일에서 일요일로 바꾸기로 결의했다.

테오도시우스 황제는 392년 그리스도교 국교령을 선포했다. 이제 제국의 모든 백성은 예수의 종교만 믿어야 했다. 다른 종교는 인정되지 않았고 모든 이방 종교의 신상은 파괴되었다. 로마제국은 그리스도교의 이름 아래 하나가 되었다. 하지만 제국은 안정되지 않았다. 로마제국이 서서히 몰락의 길을 걷는 동안에도 그리스도교회는 계속 부흥했다. 서로마제국의 멸망을 가져온 게르만족 지파들도 차례로 그리스도교에 귀의했다.

∞ 중세 가톨릭교회와 십자군 전쟁

5세기로 들어서면서 그리스도교 신학이 체계적으로 정립되었고, 아우구스티누스에 이르러 절정에 달했다. 서기 590년 그레고리오 1세가 교황으로 등극한 이후 교황은 엄청난 권한을 누리게 되었다. 그러나 제도화된 로마교회는 세속에 물들어 부패하기 시작했고 1054년에는 동방교회와 서방교회가 분열하기에 이르렀다. 콘스탄티노폴리스를 중심으로 한 동방정통교회는 슬라브족과 러시아로 확산되었다.

중세 시대의 로마교황은 황제와 세력 다툼을 할 정도로 강한 세속권력까지 지니게 되었다. 교회의 외적 권세는 하늘을 찌를 듯했으나 그럴수록 교회의 참된 힘은 잃고 점점 안으로 곪아가게 되었다. 속세에 깊이 개입한 교황청은 안팎으로 산재한 문제를 해결하고 돌파구를 마련하기 위해 십자군 전쟁을 일으켰다. 이 전쟁으로 그리스도교와 이슬람교가 정면으로 맞부딪치며 200년 동안 근동 지방을 피로 물들였다. 십자군 전쟁은 오늘날까지 이어지는 두 세계종교 간 갈등의 서막이 되었다.

11세기 말에서 13세기 말에 걸쳐 로마교황과 유럽 그리스도교 국가들은 "성지 예루살렘을 이교도인 무슬림에게서 탈환한다"는 명목을 앞세워 8차례에 걸쳐 십자군 전쟁을 일으켰다. 그러나 전쟁은 종교적 열정으로만 이루어진 것이 아니었다. 정치적·경제적 요인이 혼합되어 있었다.

1092년 비잔틴제국 황제 알렉시우스 1세는 셀주크튀르크 세력을 몰아내고 정치적 입지를 강화하기 위해 로마 교황청에 사절을 보내 군사원조를 요청했다. 교황 우르바노 2세는 이에 응답해 십자군 원정을 제창했으나 속셈은 따로 있었다. 동방 원정을 통해 유럽에서 교황권을 더욱 공고히 하고 비잔틴제국의 동방정교회를 로마가톨릭교회 산하에 편입시키려 했던 것이다.

교황은 십자군 전쟁을 성전聖戰으로 규정하고 "전쟁에 참여하는 군

클레르몽 교회 회의에서 우르바노 2세. 우르바노 2세는 이 회의에서 "유럽의 그리스도인들이여, 성지의 형제들을 구하라. 신의 정의를 위해 싸우다 쓰러지는 자는 죄 사함을 받으리라"라며 십자군 원정을 호소했다. 이로써 200년 동안 이어진 십자군 전쟁의 비극이 시작되었다.

사는 천국의 백성이 되어 하느님께서 베푸시는 구원을 받게 될 것"이라고 역설했다. 교황의 연설은 유럽 각지로 전달되었다. 교황은 용감한 기사들로 십자군을 편성하고자 했으나 실제로 성지를 향해 떠난 선발 부대는 대부분 농민으로 구성되었다.

선발대로 떠난 2개 십자군 부대가 헝가리와 불가리아를 통과할 때 식량이 바닥나 약탈을 저지르며 소아시아(지금의 터키)까지 진격해 투르크군과 싸움을 벌였으나 크게 패했다. 이어 출발한 3개의 십자군 선발 부대는 그리스도를 십자가에 매달았다는 이유로 원정길에 만난 유대인들을 박해했다. 그러나 이 3개 십자군 선발 부대 역시 헝가리인의 공격을 받아 괴멸되고 말았다.

정규 십자군은 1096년 여름부터 4개 부대로 나뉘어 출발했다. 5만 명에 이르는 대군은 이듬해 봄 콘스탄티노폴리스에 집결해 니케아 공략을 시작으로 동쪽으로 진군했다. 십자군은 유행병과 더위, 굶주림 등 악조건에서도 안타키아를 점령했고 1099년 7월에는 드디어 예루살렘에 입성했다. 열광적인 신앙과 이교도에 대한 격렬한 증오심에 휩싸인 병사들은 유대인과 무슬림을 성지에서 영원히 추방한다는 명목으로 여자와 어린아이를 구분하지 않고 잔혹한 살인극을 벌였다. 당시 예루살렘 성에서 살해당한 사람의 피가 발목까지 차오를 정도였다는 말이 전해진다. 목적을 달성한 십자군은 시리아에 정착했고 점령지에는 예루살렘왕국을 세웠다. 교회와 수도원을 건립하고 교회 조직도 정비했으며 유럽의 제도와 관습을 적용했다.

그러나 12세기 후반 이슬람의 영웅 술탄* 살라딘**이 예루살렘을

---

* 술탄(Sultan)
원래는 이슬람교의 최고 종교 권위자인 칼리프가 수여한 정치적 지배자의 칭호였으나 13세기 이후 최고의 세속 권력을 지니는 이슬람 전제군주의 공식 칭호로 사용되었다.
** 살라딘(Salah ad-Din Yusuf ibn Ayyub, 1137~1193)
쿠르드족 출신으로 1169년경 파티마 왕조의 재상에 임명되었다. 1171년 파티마 왕조를 무너뜨린 뒤 시리아를 정복하고 북아프리카에서 시리아, 메소포타미아에 이르는 광대한 제국을 건설했다. 제3차 십자군을 이끈 영국의 리처드 1세와 휴전협정을 맺고 예루살렘을 재탈환했다.

탈환하자 신성로마제국과 프랑스, 영국이 함세해 다시 십자군을 파견했다. 그러나 십자군은 예루살렘을 재탈환하지 못하고 그리스도인의 성지순례와 안전을 보장받는 데 그쳤다. 이후 십자군은 계속된 원정에도 막대한 인명과 재산만 낭비했을 뿐 전과를 올리지 못했다.

십자군 전쟁의 실패는 유럽에서 교황권의 쇠퇴를 가져왔다. 교황이 제창한 전쟁이 실패로 돌아갔기 때문이다. 반면 유럽 각국 국왕의 권력은 강화되었고 중앙집권화가 이루어졌다. 도시와 상업이 발달했으며 이슬람문화와의 접촉으로 다양한 문화가 발전했고 북이탈리아의 도시들은 큰 경제적 이득을 보았다. 학문적으로는 스콜라철학이 발달했고, 도미니크회와 프란치스코회 등 수도회를 중심으로 세속에 물들지 않은 진정한 신앙 운동이 일어났다. 이들 덕에 교회는 영적·정신적 가치를 유지할 수 있었다. 그러나 십자군 전쟁은 이슬람 세계에 그리스도교에 대한 깊은 증오심을 심었고 무슬림은 지금까지도 그 사건을 잊지 못하고 있다.

∞ 마녀사냥

십자군 원정이 실패로 끝나자 가톨릭교회는 종교적 위기를 맞게 되었고 사회 불안도 뒤따랐다. 교회는 이런 혼란을 극복하기 위해 마녀사냥을 전개했다. 가톨릭 교리를 따르지 않거나 다르게 해석하는 사람은 이단이나 마녀로 고발되어 가혹한 형벌을 받았다.

마녀는 대개 여성이었으나 남성도 있었다. 마녀로 고발되거나 소문이 돌면 피의자는 지독한 고문을 받고 자백을 강요받았으며 대부분 교수형에 처해진 뒤 불에 태워졌다. 처형된 마녀의 재산은 몰수되어 영주나 주교, 이단 심문관 등에게 배분되었다.

마녀사냥은 합리주의와 휴머니즘의 시대인 16~17세기에 오히려 절정에 달했는데 가톨릭뿐만 아니라 신교에서도 이단 심문을 극심하게 했기 때문이다. 마녀사냥은 18세기에 들어서야 비로소 잦아들었다.

∞ 교회(종교)개혁운동

십자군 전쟁 이후에도 교회는 정신을 차리지 못했다. 내적·영적 각성보다 외향적 권세 늘리기에 집착한 교황청은 드디어 성 베드로 대성당 증축에 나섰다. 젊은 성직자들은 교황청의 쇄신을 주장하며 개혁을 부르짖었지만 잔혹한 처벌을 받을 뿐이었다.

1517년 젊은 성직자 마르틴 루터는 교황청의 권위에 도전하는 95개

* 장 칼뱅(Jean Calvin, 1509~1564)
요한 칼빈, 존 칼빈이라고도 하는 프랑스의 신학자며 종교개혁자다. 프랑스 북부 누아용 출생으로, 1523~1528년 파리에서 신학을 공부하고 오를레앙대학에서 법학을 공부했다. 1535년 프랑스 국왕의 개신교 박해로 신변의 위협을 느껴 스위스로 망명했다. 다음 해 그곳에서 개신교 주요 교단인 장로교의 이론적 기초가 된 『그리스도교 강요(Institutio christianae religionis)』를 저술했다. 이후 제네바에서 교회 제도를 정비하고, 일반 시민에게도 엄격한 신앙생활을 요구하는 신정정치체제를 수립했다. 제네바는 그 후 종교개혁파의 중심지로서 전 유럽에 영향을 끼쳤다.

조 반박문을 만들어 비텐베르크 성당에 내걸었다. 이 사건을 필두로 유럽은 거대한 소용돌이에 빠져들게 되었다. 가톨릭교회는 신교를 견제하고자 했으나 결국 새로운 교회의 탄생을 용인할 수밖에 없었다. 그러나 개혁된 교회(프로테스탄트)는 서로의 주장을 조화시키지 못하고 여러 갈래로 나뉘게 되었다. 개혁은 독일을 중심으로 활동한 루터와 스위스를 중심으로 활동한 츠빙글리, 칼뱅● 등이 주도해 프랑스, 네덜란드, 영국 등으로 뻗어갔다.

신교의 종교개혁운동에 분노하던 가톨릭교회는 자성의 목소리를 높여 대항종교개혁운동Counter-Reformation을 펼쳤다. 예수회Society of Jesus의 이냐시오 데 로욜라는 세속적 세력 확산에 열심이던 과거의 오류를 반성하고 교육과 선교에 집중해 교회의 본질을 회복하는 운동을 주도했다.

∞ 30년 전쟁

　1618~1648년 독일을 무대로 개신교와 가톨릭 간에 대대적인 종교전쟁이 벌어졌다. 1617년 가톨릭교도인 페르디난트가 보헤미아 왕위에 올라 가톨릭 신앙을 강요하자 보헤미아와 오스트리아의 프로테스탄트 귀족들이 반발해 전쟁이 일어났다. 독일 영토에 눈독을 들이던 덴마크와 영국, 스웨덴, 프랑스가 가세하고 스페인도 참전했다.

　개신교 국가들은 "유일무이한 계시의 말씀인 『성서』의 권위를 인간의 전통으로 바꾸어 악마의 도구가 되어버린 구교를 타도하기 위해서"라는 기치를 들고 일어섰다. 가톨릭 국가들은 "예수 그리스도께서 친히 세운 교회의 권위를 부정한 사악한 개신교인들을 박멸하기 위해서"라는 기치를 내세워 무기를 들었다. 이들은 서로를 사탄, 악마라고 부르면서 처절하게 싸웠다.

　근세 유럽을 피로 물들인 30년 전쟁은 그리스도인끼리 싸운 '형제간 전쟁'이었다. 유럽 전체가 구교와 신교로 나뉘어 30년 동안 서로 싸우며 죽이고 죽었다. 1648년 베스트팔렌 조약으로 30년간의 종교전쟁이 막을 내렸으나 같은 그리스도교도들끼리 싸운 이 전쟁은 유럽을 양분하고 수많은 피를 흘린 뒤에야 끝났다. 30년 동안 지속된 처절한 싸움을 통해 그들은 공존을 배우게 되었다. 그리스도인은 하느님을 "하늘에 계신 우리 아버지"라고 부른다. 자식들이 서로 자기 생각만 옳다고, 자기와 생각이 다른 사람은 원수요 마귀라고 부르며 싸우는 모습을 보는 아버지의 마음이 어땠을까?

∞ 청교도와 아메리카 정복

청교도Puritan라는 말은 '타협하지 않는 순수한 종교인'을 의미한다. 이 단어는 'Purify(정결하게 하다)'라는 동사에서 왔다. 청교도들은 원래 종교개혁 이후 칼뱅을 따르던 장로교인들이었는데, 종교 탄압을 피해 영국에서 미국으로 건너가 미국이라는 거대한 나라의 기초를 세웠다.

1620년 종교의 자유를 찾아 아메리카로 떠난 102명의 청교도들은 그해 겨울을 나면서 거의 절반이 추위와 굶주림으로 죽었다. 다음 해 봄 인디언에게서 얻은 곡식과 씨앗으로 농사를 지어 첫 추수감사절을 지내기까지 혹독한 시간을 보내야 했다. 만약 아메리카 원주민의 친절한 보호가 없었다면 이들은 살아남지 못했을지도 모른다.

초창기 미국으로 건너간 그리스도인들은 원주민에게 큰 도움을 받아 생존할 수 있었지만 그 이후 잔혹할 정도로 원주민의 문화와 삶을 파괴했다. 잔인한 학살과 문화 말살, 전염병 등으로 1억 명이 넘었던 아메리카 원주민은 21세기에 이르러서는 극소수만 남게 되었다. 현재 미국의 원주민은 25만 명 정도다. 그나마 대부분은 인디언 보호구역에서 정부가 주는 연금을 받아 생활하며, 사회에 적응하지 못하고 마약과 술에 중독된 사람이 많다.

미국뿐 아니라 남북 아메리카 전반에 걸쳐 서구 문명이 유입되는 과정에서 나타난 이런 잔혹한 결과는 서구 문명의 정신적 지주라고 할 수 있는 그리스도교 정신이 과연 인류 역사에 긍정적인 결과를 가

미국의 화가 제니 브라운스컴이 그린 〈플리머스에서 첫 추수감사절〉. 미국에 도착한 청교도들은 첫 추수감사절을 보내기까지 혹독한 시간을 견뎌야 했지만 원주민들의 도움으로 살아남을 수 있었다.

져왔는가라는 의문을 던진다. 20세기 중반에 히틀러가 유대인 말살을 획책해 불과 몇 년 사이에 유대인 600만 명을 죽인 홀로코스트도 종교 문제와 무관하지 않다.

하지만 그리스도교 역사가 항상 어두웠던 것은 아니다. 개신교 운동 이후 가톨릭교회는 교황무오설과 마리아 무오잉태설 등 지금도 논란이 되는 교리를 정립하기도 했으나 제2차 바티칸공의회● 를 통해 획기적으로 변화를 모색했다. 이 회의 이후 가톨릭은 포용주의적 신학을 수용하며 이웃 종교와 활발한 대화를 모색하는 열린 모습을 보여주고 있다. 오늘날에는 유럽과 미국의 개신교도 배타주의에서 벗어나 포용주의와 다원주의 신학을 수용하며 이웃 종교뿐 아니라 현대 과학과도 폭넓은 대화와 조화를 모색하고 있다.

∞ 예수의 재발견

예수는 그리스도(구세주)며 전능하신 하느님의 아들이고, 본질상 신의 성품을 가진 '삼위일체 하느님의 한 인격'이라는 고백은 오랫동안 그리스도교의 본질로 받아들여져 왔다. 그러나 현대신학자 중에는 예수를 근본적으로 다르게 해석하는 이들도 있다.

그들이 본 예수는 어떤 이념이나 교리도 인간을 억누르고 통제할 권리가 없다며 '자유와 해방의 권리를 선언한 사회운동가'였다. 또한 자신은 물론이며 자연을 비롯해 존재하는 모든 이웃을 하늘 아버지의 자녀로 인식하고 무한한 자유를 구가한 멋지고 호방한 청년이었다. 깊고 사색적이며 따뜻하고 섬세한 성품과 아울러 불의를 보면 참지 못하고 독하게 분노를 쏟아내며 거친 욕설을 난사하는 불같은 성

---

* 제2차 바티칸공의회(Second Vatican Council)
1959년 교황 요한 23세가 소집해 1962~1965년에 걸쳐 열렸다. 이 공의회에서 가톨릭교회는 동방교회에 대한 파문을 피차간에 취소하고, 개신교를 '형제 교회'로 인정했으며 "교회 밖에도 구원이 있을 수 있다"는 전향적 결정을 내려 종교 간 화해 분위기를 조성했다.

격을 가진 젊은이였다. 그러나 이 청년은 사회 질서를 뒤흔들었다는 죄목으로 잔혹하게 처형당했다.

청년은 죽었지만 그의 빼어나고 아름다운 삶은 죽지 않았다. 그를 사랑하고 따르던 그의 친구(제자)들의 마음과 삶 속에 부활한 '청년의 아름다운 삶의 이야기'는 입에서 입으로 전승되는 과정에서 조금씩 전하는 사람의 생각과 해석이 첨가되었다. 전승을 타고 되살아난 청년은 어느새 영웅이 되었으며 그를 흠모하고 따르던 사람들의 모임은 조직을 갖추게 되었다. 청년처럼 살고 싶어 하는 사람들의 마음속에는 청년이 그랬던 것처럼 현실의 어떤 벽에도 굴하지 않는 용기가 스며들었다. 신분에 대한 차별, 사람을 억누르는 모든 전통과 압제를 돌파하는 역동적이고 신나는 삶이 그들에게 보상으로 주어졌다.

청년이 죽고 20~30년이 지난 후 사람들은 청년의 아름답고 신비로운 삶을 영원히 기억하기 위해 기록으로 남기고 싶어 했다. 청년의 이야기가 전승 과정을 거쳐 기록의 단계에 들어선 것이다. 그러나 기자들은 수많은 전승 가운데 어느 것이 참이고 어느 것이 거짓인지 진위를 가려내기 어려웠다. 어떤 자료는 그의 영웅담에 치중한 나머지 도덕적으로 문제가 되기도 했다. 어떤 자료에서는 영웅이라기보다는 너무나도 인간적인, 연약한 모습으로 묘사되었다. 그러나 기자들은 이미 신의 아들로 또한 한 종교의 숭고한 창시자로 고백되기 시작한 인물에 대한 자료를 자기의 주관적인 판단으로 무시하기는 어려웠다. 기자들은 서로 모순되는 자료라도 대중의 공감을 얻은 것은 기록에 담았다.

한편 청년이 죽은 뒤 20년이 채 지나지 않아 매우 영리하고 독특한 학자가 나타나 청년에 대한 새로운 해석을 내렸다. 사도 바울이었다. 유대인의 피와 로마 시민권을 갖고 있던 바울은 유대 전통과 그리스 철학에 근거해 청년을 새롭게 해석했다. 사람과 세상을 사랑한 진정한 휴머니스트이며 불의한 세계를 개혁하고 모두가 함께 잘 사는 아름다운 세상을 꿈꾸던 혁명가에 가까운 청년의 모습은 매우 신선한 것이었다. 바울은 청년의 죽음이 억울하고 안타까운 비극이 아니라 인간의 죄를 용서하기 위해 하느님이 미리 정한 구원 역사의 정점이며 죄와 악에 대한 영원하고 궁극적인 승리라고 보았다.

바울의 해석은 일반 대중이 받아들이기에 더없이 쉽고 만족스러운 것이었다. 청년처럼 처절하게 살지 않아도 그를 바라보며 의지하는 것으로 충분했다. 청년은 이제 사람들이 '따라야 할 모범'이 아니라 '믿어야 할 대상'이 되었다. 그를 믿기만 하면 모든 죄가 용서받고 구원을 받으며 죽음에서 부활해 영원히 살게 될 것이었다. 이 얼마나 신나는 일인가? 바울의 가르침은 사람들의 마음을 점차로 사로잡았다. 사람이 죽지 않고 영원히 살 수 있다니! 현실은 어두우나 저 하늘나라에서 주님 품에 안기면 그 모든 고통과 애곡과 눈물이 다시는 없다니! 그의 가르침은 가난하고 힘없으며 체제에 눌리고 착취당하며 살아가던 연약하고 가난한 대중에게는 현실의 질곡을 넘어 삶에 소망을 불어넣어주는 최상의 복음Good News이었다.

바울의 가르침이 보편적 호응을 얻게 될 즈음, 전승의 과정을 넘어 그동안 여기저기 전해져오던 단편적인 기록들이 모이기 시작했다.

네 복음서 저자를 묘사한 스테인드글라스. 왼쪽부터 마태오, 마르코, 루가, 요한 순이다. 사람으로 묘사된 「마태오의 복음서」는 이스라엘의 스승으로서 예수의 이미지를 강조했다. 십자가 죽음과 부활을 담대하고 빠른 호흡으로 설명한 「마르코의 복음서」는 사자로 상징되었고, 인간의 구원을 위해 희생한 예수의 모습을 강조한 「루가의 복음서」는 소로 상징된다. 넓은 시각과 하느님으로서 예수를 집중 조명한 「요한의 복음서」의 상징은 독수리다.

전승 자료들이 모아져 오늘날 『신약성서』에 수록된 형태의 복음서가 탄생하게 된 것이다. 4개의 복음서를 살펴보면, 제일 먼저 기록된 「마르코의 복음서」에서는 비교적 가장 인간적이며, 복음의 원형에 가까운 예수를 만날 수 있다. 영성이나 초월성보다는 현실성, 사회성, 역사성을 강조한 예수의 이미지가 강조된다. 그러나 「마르코의 복음서」와 또 다른 자료(Q문서)를 토대로 쓰인 「마태오의 복음서」와 「루가의 복음서」에 그려진 예수는 인간적인 면보다 '신적인 예수'의 모습이 많다. 가장 늦게 쓰인 「요한의 복음서」에서는 '태초부터 있었던 말씀

(로고스, 우주의 보편 원리, 동양철학의 도, 절대 이성)으로서의 하느님'으로 그려졌다.

이후의 교회 역사에서, 예수는 그때까지 형성된 이미지를 토대로 또는 사람들의 비의도적인 무지로, 또는 교회의 필요로, 또는 정권(특히 콘스탄티누스 황제)의 권력을 위해 '신의 아들'을 넘어 '신 자체'가 되었으며, 결국 삼위일체 하느님으로 고백되었다.

이렇게 예수는 세상을 창조한 전지전능한 신의 아들이며 인류의 유일한 구원자인 삼위일체 하느님의 한 위격(인격)으로 오랫동안 고백되어왔지만, 오늘날의 그리스도교 현대신학●은 예수를 2,000년 전에 살았던 참 자유인으로, 진정한 휴머니스트로, 압제에 저항했던 혁명가로 재발견하고 있다.

● 해방신학과 민중신학
해방신학은 20세기 중반 라틴아메리카를 중심으로 가톨릭교회에서 일어난 신학운동이다. 예수가 전한 복음이 비현실적이고 초현실적인 구원에 머무르지 않고, 고난 받는 이웃을 현실의 압제에서 해방시키는 사회운동이었음을 강조하며 현실 참여를 지향한다. 현 프란치스코 교황은 해방신학의 영향을 많이 받은 것으로 전해진다.
민중신학은 우리나라에서 1970년대 일어난 개신교 신학운동이다. 한신대학교 출신의 신학자 안병무와 서남동 등이 중심이 되어 산업화·도시화에 따른 민중의 소외 현상에 주목하고 예수가 돌보았던 가난하고 고난 받는 민중의 삶을 개선하는 데 주력했다. 해방신학과 궤를 같이하는 그리스도교 사회운동이며, 지난 20세기 후반 독재와 싸운 장준하, 문익환 등이 민중신학의 영향을 강하게 받은 인물이다.

∞ 그리스도교 종파들

그리스도교는 3대 종파로 이루어져 있다. 예수 탄생 이후 1,000년 동안 하나의 교회로 이어져왔지만 1054년 동서 교회가 나뉘면서 서방은 가톨릭교회, 동방은 정교회로 불리게 되었다. 16세기 개신교회가 태동하면서 그리스도 교회는 가톨릭과 정교회, 개신교, 이렇게 셋으로 나뉘어져 지금까지 이어져오고 있다.

정교회正教會를 서방의 가톨릭과 대비하여 동방정교회라고도 하는데 정교회인은 그런 표현을 반기지 않는다. 이름에도 나타나 있듯이 자신들이 그리스도교의 정통 교회라고 생각하기 때문이다. 초기 그리스도교회가 팔레스타인과 시리아, 소아시아(지금의 터키), 그리스 등 동방 지역에서 시작되었고, 그 후에도 수백 년 동안 그리스도교회의 중심은 콘스탄티노폴리스(이스탄불)와 안티오키아(안타키아), 알렉산드리아 등 동방 지역이었기 때문이다.*

동로마제국이 쇠퇴하고 그 지역이 이슬람 세력에 잠식당하면서 그리스도 교회의 중심은 로마로 옮겨졌다. 2009년 교황청이 발표한 자료에 따르면 가톨릭 인구는 11억 8,100만 명으로 정교회와 개신교를 합한 신자 수보다 많다. 개신교와 정교회는 세력이 엇비슷하지만 우

---

* **동방교회와 서방교회**
당시 그리스도 교회의 지역적 판세는 서기 325년 콘스탄티누스 황제가 소집한 니케아공의회에 참석한 주교의 수를 보면 쉽게 알 수 있다. 300명이 넘게 참석한 주교들 대부분이 동방 지역 담당이었고 서방 주교는 10명 정도에 불과했다. 니케아공의회를 비롯하여 칼케돈공의회, 콘스탄티노폴리스공의회 등 그리스도 교회의 주요 교리를 정립한 중요한 공의회도 주로 동방 지역에서 열렸다.

리니라는 개신교인이 약 968만 명, 천주교인도 389만 명에 이르는데 비해 정교인은 1만 명이 채 되지 않아 정교회가 그리스도교의 3대 종파라는 사실조차 모르는 사람이 많다.[*] 정교회는 국가별로 그리스정교회, 러시아정교회 등으로 불리는데, 한국정교회는 1900년 러시아의 선교에 의해 시작되었고 서울 마포에 정교회 본당이 있다.

그리스도교 삼형제 중 막내 격인 개신교는 500년의 비교적 짧은 역사를 갖고 있지만 약진을 거듭해 정교회와 비등한 세력으로 성장했지만 많은 분파로 나뉘었다. 개신교 분파 중 가장 세력이 큰 교회는 성공회다. 성공회를 개신교와 구분하여 별도의 종파로 보기도 하지만 대부분의 종교학자는 개신교의 한 분파로 본다. 성공회는 영국 왕 헨리 8세의 결혼 문제 등 교리와 신념 체계보다 정치적 이유로 가톨릭과 결별했다. 성공회는 이후 영국 국교로서 국가와 정치문제에 계속 참여해왔기에 교리적 성격보다 사회참여적 성격이 강하다. 우리나라 성공회가 세력은 작지만 사회적으로 적지 않은 반향을 일으키는 이유도 진취적인 성향과 무관하지 않다. 이외에도 개신교의 주요 분파로는 루터교회, 감리교회, 장로교회, 침례교회 등이 있다. 우리나라에서는 이 중 장로교회가 단연 세력이 크지만 교리적인 견해

---

[*] 우리나라의 종교 인구
2015년 통계청 자료에 따르면, 우리나라 전체 인구 4,905만 명 중에서 종교를 가진 사람은 2,155만 명(43.9퍼센트)이고 종교가 없는 사람은 2,750만 명(56.1퍼센트)이다. 그중 개신교인이 967만 6,000명(19.7퍼센트), 불교인이 761만 9,000명(15.5퍼센트), 천주교인은 389만 명(7.9퍼센트)으로 세 종교를 합하면 전체 국민의 43.1퍼센트다. 그 외 원불교 8만 4,000명, 유교 7만 6,000명, 천도교 6만 6,000명, 대종교 3,000명, 기타 13만 9,000명으로 나타났다.

차이 등으로 200개가 넘는 교파로 나뉘어져 있다.

　개신교의 분열 현상은 중앙집권적인 가톨릭의 조직 체계에 대한 저항으로 시작해 수평적이고 개교회적으로 발전한 데 따른 자연스런 결과이기도 하지만 형제 교회 간의 불협화음을 해소하고 일치와 화합, 단결을 추구한 결과 지금은 WCC(World Council of Churches, 세계교회협의회)를 결성하여 세계 평화와 환경 보호, 여성과 아동의 인권 신장 등 교회의 사회적 역할을 촉구하며 개신교 내에서 평화와 생명 운동을 선도하고 있다.●

● WCC와 한국 교회

WCC에 가입한 한국교회연합체를 NCCK(The National Council of Churches in Korea, 한국기독교교회협의회)라고 하는데 여기에는 장로교와 감리교, 성공회, 구세군, 루터회, 하나님의 성회 등 보수적인 교단을 제외한 우리나라 거의 모든 개신교 교단이 참여해 있고, 한국정교회도 회원으로 가입했다.

3

이슬람교

∞ 이슬람 이전의 아라비아 종교

이슬람 이전의 아라비아 종교는 원시 셈족과 바빌로니아 종교, 조로아스터교의 영향을 받았으며 유대교와 그리스도교의 영향으로 유일신 신앙도 있었다. 또한 그리스·로마의 영향을 받아 천체신 신앙도 보편화되어 있었고 알라는 그중 창조자, 지고신으로 함께 경배되었다.

∞ 무함마드의 출생

무함마드는 서기 571년경에 메카의 상류 가문에서 태어났다. 무함마드라는 이름은 '높이 존경받다'라는 뜻으로 당시 남자의 이름으로 가장 많이 쓰인 이름이었다. 그러나 그의 어린 시절은 행복하지 않았다. 아버지는 그가 태어나기 며칠 전에 세상을 떠났으며, 6세가 되었을 때 어머니마저 세상을 떠났다. 이후 무함마드는 할아버지 손에서 자랐으나 9세 때 할아버지도 세상을 떠났다. 이후 무함마드는 삼촌 집에서 살게 되었다. 이 어린 고아는 삼촌 집에서 가축을 돌보며 힘든 일을 해야 했지만 가족에게 따뜻한 사랑을 받으며 살았다.

무함마드는 부모를 일찍 여의었기에 고통에 민감했으며 약한 자와 불쌍한 자를 도와주며 살았다. 그는 충실함과 정절, 의무감을 가진 사람으로 성장해 '진실한 이', '고결한 사람', '믿을만한 자'라는 칭호를 받았다.

당시 아라비아는 도덕적으로 문란하고 야만적이었으며 부족 간의 싸움이 다반사로 일어나던 무법천지였다. 마음이 섬세하고 따뜻했던 청년 무함마드는 아라비아의 전통적인 다신 신앙을 흡족하게 받아들일 수 없었다. 종교적 이권을 두고 벌이는 부족장 사이의 갈등, 여자아이를 생매장하는 관습 등 종교의식이라고 하기에는 너무 비도덕적이고 반인륜적인 모습에 진저리를 쳤다. 청년은 천지만물을 창조하고 섭리하며 인생을 바르고 윤리적으로 이끌 뿐 아니라 정직하고 올바르게 살아가는 사람에게 상을 내리고 악한 사람에게는 최후의 심판을 내리는 유대교와 그리스도교의 신을 크게 흠모했다.

∞ 무함마드, 소명을 받다

무함마드는 40세 되던 해에 메카 교외에 있는 히라산을 찾아 깊은 명상에 잠겼다. 그는 당시 아라비아 지역에서 섬기던 여러 신이 아니라 세상을 창조한 유일한 신과 대면하고 싶었다. 명상이 깊어질수록 무함마드에게 알라의 존재는 뚜렷해졌고 깊은 감명을 주었다. 두려움과 놀라움으로 대면한 알라는 생명과 죽음의 근원이자 온 우주를 지은 이였으며, 무함마드는 알라가 그 어느 신과도 비교할 수 없이

천사 지브릴(가브리엘)의 계시를 받는 무함마드. 무함마드가 히라산의 동굴에서 명상을 하던 중 엄숙한 음성이 울리면서 빛나는 무엇인가가 그의 목을 붙잡고 계시된 신의 말씀을 복창하라고 명령했다고 한다. 처음에는 도망치려고 했으나 결국 사람들에게 가르쳐야 할 사명이 주어졌다고 확신하고 전도를 시작했다.

위대하다는 것을 확신하게 되었다. 그러자 알라의 위엄이 동굴을 차고 넘쳐 온 하늘과 땅을 가득히 채웠다. 알라는 '하나뿐인 하느님'이며 '경쟁자 없는 유일신'이었다. 그 산굴에서 아랍 언어에서 가장 위대한 문장이 큰 소리로 외쳐졌다. '라 일라하 일라 알라La ilaha illa Allah', '알라 외에 다른 신은 없다'는 뜻이다.

무함마드는 소명召命(신에게 어떤 특별한 목적을 위해 불리는 것)을 받았다. 그 소명은 이전에 아브라함과 모세, 그리고 예수에게 내려진 것과 같은 것이었다. 그가 동굴 바닥에 누워 깊은 명상에 사로잡혀 있을 때 외치라는 명령이 들려왔다. 명령은 두 번 세 번 반복되었다. "무엇을 외치리이까?" 무함마드는 두려움에 떨며 물었다. "외쳐라! 인간을 창조하신 하느님의 이름으로! 외쳐라! 너의 하느님은 놀라우신 이요……."

이후 무함마드는 본격적인 포교 활동을 시작했다. 사회정의와 가난한 자에 대한 의무를 강조하는 그의 예언은 민중에게 큰 환영을 받았지만 기득권층은 거부했다. 메카의 질서를 흔드는 위험인물로 낙인찍힌 무함마드는 622년 자신을 따르는 사람들과 메디나로 이주해 짧은 기간에 도시를 장악했다. 그로부터 8년이 지난 630년, 무함마드는 메카를 점령하고 전 아라비아의 지도자가 되었다.

∞ 이슬람 신앙과 다섯 기둥

무슬림이라면 누구나 믿는 여섯 가지 믿음이 있다. 알라, 천사들, 경전들, 예언자들, 심판의 날, 예정에 대한 믿음이다.

- 알라에 대한 믿음 – 유일신 알라에 대한 믿음은 이슬람교에서 가장 중요하다. 그리스도교의 삼위일체설은 거부한다. 예수는 신성이 없으며 예언자일 뿐이다. 최후의 예언자는 무함마드다.
- 천사들에 대한 믿음 – 알라의 계시를 무함마드에게 전해준 지브릴(그리스도교의 가브리엘)이 가장 중요한 천사며 이블리스는 사탄이다. 또한 영물인 진의 존재를 믿는다.
- 경전들에 대한 믿음 – 알라가 계시한 많은 경전이 있음을 믿는다. 하지만 알라의 계시를 완벽하게 담고 있는 경전은 『꾸란』뿐이다. 유대인의 경전(『히브리성서』 중 모세오경과 다윗의 시)과 그리스도인의 경전(『신약성서』 중 복음서)도 알라의 계시로 주어졌으나 유대인과 그리스도인이 왜곡·변질했기에 『꾸란』과 같은 권위는 없다.
- 예언자들에 대한 믿음 – 무슬림은 알라가 보낸 많은 예언자가 있다고 믿는다. 유대교의 예언자는 대부분 받아들인다. 가장 중요한 다섯 예언자는 노아, 아브라함, 모세, 예수, 무함마드다.
- 심판의 날에 대한 믿음 – 심판의 날은 반드시 온다. 그때는 잠자던 모든 사람이 부활해 최후의 심판을 받는다. 하지만 지하드에 참여해 순교한 사람은 최후 심판의 날까지 기다리지 않고 바로 천국으로 들어간다.

무슬림은 성지 메카를 향해 매일, 하루 5번씩 예배를 드린다. 이슬람의 삶의 방식은 알라에 대한 전폭적이고 무조건적인 순종에 기초한다. 알라에 순종하는 것은 현재의 삶을 위한 것이면서 죽음 이후의 삶을 위한 것이기도 하다.

- 예정에 대한 믿음 – 모든 일은 알라가 정한 대로 이루어진다. 그의 뜻을 바꿀 수 없으며 사람이 할 수 있는 일은 오직 그의 뜻에 복종하는 것뿐이다. 무슬림은 슬픈 일을 당해도, 기쁜 일을 만나도, 사람을 만나고 헤어질 때도 '인 샬라(알라의 뜻대로)'라고 인사한다.

또한 무슬림이라면 예외 없이 지켜야 하는 다섯 가지 의무가 있다. 이른바 '이슬람의 다섯 기둥'이다.

- 신앙고백 – "알라 이외에 다른 신은 없다. 무함마드는 알라의 예언자다"라고 아랍어로 자주 반복해서 말하는 것이다.
- 기도 – 하루에 5번 메카를 향해 진실한 마음으로 절해야 한다. 새벽, 정오, 오후, 저녁, 밤, 이렇게 하루에 5번씩 매일 기도함으로써 알라에 대한 순종을 표

시한다. 기도하기 전에는 얼굴과 손발을 깨끗이 씻어야 한다. 물이 없을 때는 모래로 씻어도 된다. 성인 남자는 금요일 정오에 모스크에 모여 함께 기도한다.

- 자선(자카트) – 무슬림은 가난한 이웃과 여행하는 사람을 위해 자선을 베풀어야 한다. 모든 성인은 매년 재산의 40의 1을 기부해야 한다. 옛날에는 자카트를 세금처럼 거두기도 했지만 지금은 국가에 내는 세금이 따로 있어서 자카트는 원하는 사람만 개인적으로 낸다. 자카트란 '정결하게 하다', '증가시키다'라는 뜻이다. 자선으로 이웃에게 우정을 베풀면 돈에 대한 집착에서 벗어날 뿐 아니라 알라의 은총까지 받아 오히려 재산에 는다고 믿기 때문이다.

- 단식 – 성스러운 달 라마단*에는 단식을 해야 한다. 해가 뜰 때부터 해가 질 때까지 물을 포함해 아무것도 먹어서는 안 된다. 하지만 해가 지면 충분히 먹을 수 있기 때문에 생활을 하는 데 큰 지장은 없다.**

- 성지순례(하지) – 무슬림은 경제적 여건이 허락하는 한 일생에 한 번은 메카

---

* 라마단(Ramadan)
아랍어로 '더운 달'을 뜻하는데, 이슬람력으로 9월은 『꾸란』이 내려진 신성한 달로, 모든 무슬림은 이 한 달 동안 해가 뜰 때부터 해가 질 때까지 물을 포함해 일체의 음식을 먹어서는 안 된다. 여행자, 병자, 임신부 등은 면제되는데, 그 대신 나중에 별도로 수일간 금식해야 한다.

** 이슬람의 음식 문화
이슬람교는 먹어도 되는 음식과 먹어서는 안 되는 음식을 엄격히 구별한다. 먹어서는 안 되는 음식은 하람('금지된'이라는 뜻)이라고 하는데, 돼지고기와 개고기가 대표적이다. 알코올성 음료, 민물고기, 육식동물과 맹금류도 하람에 속한다. 하람에 속하는 재료가 들어간 가공식품도 모두 하람으로 분류되기에 그 기준이 매우 까다로운 편이다. 먹어도 되는 음식은 할랄('허용된'이라는 뜻)이라고 하는데, 하람으로 금하지 않은 고기는 다 먹어도 되지만, 알라의 이름으로 기도한 후에 이슬람이 규정한 도축 방식에 따라 잡은 동물의 고기만 할랄이 될 수 있다. 요즘에는 음식뿐 아니라 의약품과 화장품에 이르기까지 할랄의 규정을 적용하기도 한다.

를 순례해야 한다. 해마다 순례의 달(이슬람력*으로 12월)에는 약 250만 명의 순례자가 메카에 모여 카바 신전을 중심으로 순례 행사를 한다. 카바 신전 광장의 중앙에는 가로 15미터, 세로 10미터, 높이 12미터의 육면체로 된 건축물이 있다. 이 안에는 성스러운 검은 돌이 들어 있는데 두께 30센티미터, 높이 150센티미터 정도의 운석일 것으로 추정된다. 이슬람교도가 아니면 이곳에 들어갈 수 없다.

∞ 이슬람에서 예수의 위치

이슬람교와 그리스도교가 믿는 신은 같다. 예수의 탄생을 예언한 가브리엘 천사는 무함마드에게도 나타나 하느님의 계시를 전달해주었다. 두 종교의 신은 인류를 구원하기 위해 예언자들을 보냈는데 아담과 노아, 아브라함, 모세, 다윗 등은 유대교와 그리스도교는 물론 이슬람교에서도 존경받는 예언자다.

예수 역시 이슬람교에서 존경받는 예언자다. 하지만 바로 그렇기 때문에 예수를 신의 아들로 믿는 그리스도교와 결정적 차이가 생긴

---

* 이슬람력
이슬람력은 서기 622년 무함마드가 박해를 피해 메카에서 메디나로 이주한 사건을 기준으로 하는 태음력이다. 태음력은 1년 354일로 태양력보다 11일이 적기에 일반적으로 3년에 1번 또는 5년에 2번 윤달이 들어간다. 하지만 이슬람은 윤달을 사용하지 않아 계절과 달력이 점차 달라진다.

다. 무슬림은 예수가 처녀의 몸에서 태어났다는 것과 여러 기적을 행했다는 것도 받아들인다. 하지만 예수가 인류의 죄를 대속代贖하기 위해 십자가에 못 박혀 죽었다는 그리스도인의 믿음과 신의 아들이라는 교리는 인정하지 않는다.

∞ 『꾸란』, 완전무결한 신의 계시

이슬람의 신앙은 그들의 절대적인 경전 『꾸란』에 전적으로 의존한다. 꾸란Quran은 '읽다Qara'a'라는 말에서 나온 말로, 알라의 계시를 그저 읽었을 뿐 사람의 생각이 첨가되지 않았다는 뜻을 내포하고 있다. 이슬람 율법을 통칭하는 '샤리아', 무함마드의 언행록인 『하디스』, 이슬람 전통을 지칭하는 '순나'도 이슬람의 원칙이자 가르치는 규례지만 그 중심은 역시 『꾸란』이다.

하지만 『꾸란』을 온전히 이해하기는 매우 어렵다. 현대 아랍어를 모국어로 사용하는 사람이라도 『꾸란』의 문장을 해독하기 어려울 뿐 아니라 같은 문장을 놓고도 해석이 다른 경우가 많다. 예를 들면 술에 대한 구절을 놓고 대부분의 법학자는 술 마시는 것 자체를 금하는 것으로 해석하지만, 일부 법학자는 술에 취하는 것을 금하는 것이지 마시는 것 자체를 금하는 것은 아니라고 해석한다. 심지어 『꾸란』에는 알라 이외에 어느 누구도 알 수 없는 구절도 있다. 그래서 이슬람 법학자라 하더라도 『꾸란』을 완전히 이해할 수는 없다고 한다.

대영박물관에 소장된 11세기의 『꾸란』. 무슬림은 『꾸란』이 신의 말씀이라는 것을 믿어 의심하지 않는다. 신은 7세기 무함마드에게 말을 건넸을 뿐 아니라 『꾸란』을 통해 지금도 온 세계에 말하고 있다.

『꾸란』이 이처럼 이해하기 어려운 책이 된 이유는 무엇일까? 사회학적으로 보면 서기 7세기 당시의 고어로 기록된 이유가 가장 크다. 게다가 『꾸란』이 기록된 아랍어는 원래 자음만 있고 모음은 없다(같은 셈족 언어인 히브리어도 그렇다). 또한 『꾸란』은 무함마드 시대에는 부분적으로 기록되었을 뿐 완성된 형태는 아니었다. 무함마드 사후 20년 정도 지났을 때 제3대 칼리프 우스만이 경전으로 집대성했다. 그러나 이때도 자음의 점과 모음의 구별 표시는 없었다. 자음의 점과 모음이 붙은 것은 경전이 처음 완성되고 몇십 년이 지나서였다. 게다가 무함마드는 문맹자였다고 한다. 그래서 무함마드는 알라의 계시를 외워서 제자들에게 전해주었다. 제자들은 무함마드가 읽어주는 알라의 계시를 그대로 받아 적었을 뿐이다.

『꾸란』은 『신약성서』의 약 80퍼센트 분량이며 전체 114장으로 구성되어 있다. 하지만 주제별이나 연대순으로 구성된 것이 아니라 분량이 긴 것부터 짧은 것 순으로 편집되어 있다. 1장은 예외다.

무슬림은 『꾸란』을 알라가 직접 계시한 절대 무오류한 경전으로 믿고 있지만 그 안에는 내용이 일치하지 않는 부분도 많다. 그 이유는 무함마드가 알라에게 받은 계시가 22년에 걸쳐 산발적으로 내려왔고 그 기간 동안 무함마드와 무슬림이 이웃이나 이민족과 맺은 관계가 다양하기 때문이다.

『꾸란』에 담긴 보다 너그러운 관점은 대체로 무함마드 활동 초기의 메카 전승에서 보인다. 이때는 무함마드를 따르는 무슬림이 소수였다. 하지만 메디나로 이주한 이후부터 계시는 보다 전투적이고 배타적으로 바뀐다. 이때는 이슬람의 정복전쟁이 본격적으로 시작되었다.

∞ 『꾸란』과 경전의 백성들

『꾸란』에는 '경전의 백성들'이라는 말이 자주 나온다. 그런데 경전의 백성을 존중하라는 내용과 그들을 용서하지 말라는 내용이 함께 나온다. 앞뒤가 맞지 않는 것 같은 이런 내용은 무함마드의 경험과 무관하지 않다.

무함마드는 활동 초기에 유대교에 친밀감을 가졌다는 것이 분명하다. 자신이 주창한 신앙 체계의 뿌리로서 유대교에 존경심을 갖고 있었다. 그는 무슬림에게 예루살렘을 향해 기도하라고 가르쳤다. 안식일도 유대교처럼 토요일로 정했다. 단식도 유대교를 따라 1월 10일 대속죄일에 하도록 했다. 무함마드는 유대인과 그리스도인이 자신을 모세와 예수에 버금가는 예언자로 환대할 것으로 기대했던 것 같다.

유대인도 무함마드의 인격은 어느 정도 인정하고 존중했던 것 같다. 하지만 그의 신앙체계는 받아들이지 않았다. 무함마드가 활동 초기에 받은 메카 계시가 포용적인 것은 이런 역사적 정황과 무관하지 않다. 하지만 메디나의 통수권자가 된 624년부터는 계시가 훨씬 강경하고 배타적으로 변한다. 계시의 내용도 바뀐다. 예루살렘을 향해 기도하던 것을 메카를 향해 기도하도록 바꾸고, 1월 10일에 하던 단식도 라마단으로 바꾸었으며, 유대인의 안식일인 토요일에 드리던 예배도 금요일에 드리도록 바꾸었다.

하지만 계시의 앞뒤가 다른 이런 문제에 대해 무슬림은 혼란을 일으키지 않는다. 나중에 계시된 말씀이 먼저 계시된 이론을 대체한다는 '대체 이론' 때문이다. 유대교와 관련해 계시가 바뀐 이유도 유대인들의 교만과 알라에 대한 불신 때문이라고 믿는다.

『꾸란』은 알라의 예언이 처음에는 유대교로 향했지만 유대인들이 알라의 말씀을 변질시켰기에 버림받았다고 설명한다. 또한 아브라함의 적자는 이삭이 아니라 이스마엘인데 사라의 질투와 모함으로 사막으로 쫓겨났다고 본다. 후에 아브라함은 이스마엘을 찾아 사막으로 와서 그가 어머니 하갈과 잘 지내고 있음을 확인하고는 운석을 주워 제단을 세우고 감사의 제사를 드렸다. 지금 그 장소에 이슬람교의 가장 중요한 성지인 카바 신전이 세워져 있다. 이슬람은 이 이야기가 『히브리 성서』에도 기록되었었는데 유대인들이 계시의 내용을 바꾸어 마치 이삭이 적자인 것처럼 위조했다고 주장한다.

무함마드는 모세와 예수를 인정했지만, 무슬림은 유대인과 그리스

예루살렘의 성전산 위에 있는 바위의 돔. 황금으로 칠해져 있어 황금 돔이라고도 한다. 이슬람교에서 메카, 메디나와 함께 3대 성지 중 하나로 꼽는 곳이다. 사원 안의 바위에서 무함마드가 승천했다고 알려져 있기 때문이다. 이 바위는 아브라함이 아들을 제물로 바치려고 준비한 곳으로도 알려져 그리스도인들에게도 성스러운 장소가 되었다.

도인이 그들에게 계시된 알라의 가르침을 잘못 해석하거나 조작했다고 믿는다. 유대인과 그리스도인은 잘못된 길로 빠졌기에 알라가 최후의 예언자로 무함마드를 불렀다는 것이다. 타락한 유일신 종교를 바로 세우는 중요한 사명이 무함마드와 무슬림에게 이어졌다고 믿는다.『꾸란』에서는 유대교와 그리스도교를 이교도지만 이슬람의 형제 종교로 본다. 하지만 그들이 온전히 구원을 받기 위해서는 참된 신앙, 즉 이슬람으로 돌아와야 한다.

오늘날 대부분의 무슬림은『꾸란』이 문자 그대로 알라의 계시라고 믿어 의심치 않는다. 마치 축자영감설逐字靈感說을 믿는 그리스도인과 같다. 합리적 해석이나 비판이 어려운 이유다. 유대교와 그리스도교, 이슬람교는 자신들의 경전이 문자에 기록된 그대로 오류 없는 신의 말씀이라고 믿는 축자영감설을 공통으로 갖고 있지만 '한 점의 오류도 없는' 그 경전들의 내용은 서로 다르다.

∞ 이슬람의 확산과 지하드

무함마드의 사상은 후계자인 칼리프에게 계승되었으며 아라비아반도를 넘어 주변 세계로 빠르게 전파되었다. 무슬림은 635년 다마스쿠스를 점령했고, 638년에는 예루살렘을, 640년에는 시리아를 정복했다. 639~641년에 이집트, 640~649년에는 페르시아를 정복했다. 711년에는 지브롤터해협을 건너 유럽의 이베리아반도에 상륙했고 732년에는 프랑스 파리 부근까지 진출했다. 이때 샤를마뉴가 그들을 물리치지 않았다면 유럽은 이슬람의 식민지가 되었을지도 모른다. 이베리아반도 대부분은 1492년 이사벨 1세와 페르난도 2세가 그들을 완전히 몰아낼 때까지 거의 800년간 무슬림의 지배를 받았다.

『꾸란』의 언어인 아랍어는 무슬림의 국제어로서 철학, 천문학, 의학, 수학, 화학 등에 공통적으로 사용되었다. 무슬림은 정복 사업이 끝난 후 아랍어로 다양한 분야에 걸쳐 많은 연구 업적과 저술을 남겼는데 특히 그리스철학과 과학을 깊이 연구했다. 그들의 학문적 수준

스페인 그라나다의 알람브라 궁전. 이슬람은 아라비아반도뿐 아니라 중동과 북아프리카, 유럽까지 진출했다. 샤를마뉴 대왕의 반격으로 피레네산맥을 넘지 못한 유럽의 무슬림은 이베리아반도 남부에 자리를 잡고 아름다운 문화를 꽃피웠다.

은 서구 그리스도교 세계를 능가했고, 그들의 연구는 서방에 영향을 주어 서구 사상의 발전에 지대한 공헌을 했다. 무슬림은 건축에서도 모스크라는 독특하고 뛰어난 양식을 남겼고, 나무나 돌에 무늬를 새기는 아라베스크 양식을 남겼다.

11세기 말 유럽의 그리스도교 국가들은 이슬람이 봉쇄한 예루살렘을 되찾고자 여러 차례 이슬람 세계를 침공했지만 제1차 십자군 전쟁 외에는 제대로 성공하지 못했다. 200년에 걸친 전쟁으로 그리스도교 세계와 이슬람 세계 양쪽 모두 큰 타격을 입고 서로에 대한 깊은 증오와 공포를 갖게 되었다.

십자군 전쟁을 겪으며 힘을 소진한 이슬람은 13세기 칭기즈칸의 후예들에게 철저하게 유린당했다. 1258년에는 이슬람의 중심지인 바그다드가 몽골군에 점령당했다. 몽골이 물러간 후에는 투르크족이 점령했다. 하지만 이슬람의 앞선 문화에 감화된 투르크족이 오히려 이슬람 세계에 편입되었다. 이후 투르크족이 중심이 된 오스만제국은 이슬람의 절대 강자로 군림해 1453년에는 동로마제국을 멸망시키고 18세기까지 유럽을 위협했다. 하지만 르네상스와 산업혁명을 겪은 유럽 문명에 점차 뒤처지다가 18세기 말 나폴레옹의 등장과 함께 유럽의 침공을 받아 급격히 쇠락의 길을 걸었다. 마침내 2번의 세계대전을 겪으며 이슬람 세계의 상당 부분은 유럽의 식민지로 전락하고 말았다.

∞ 수니파와 시아파

이슬람에는 중요한 2개의 분파가 있다. 수니파와 시아파다. 수니라는 말은 'Ahl al-Sunna'에서 나왔다. '올바른 관행을 따르는 사람들'이라는 뜻이다. 시아는 'Shiat Ali'에서 나온 말이다. '알리를 따르는 사람들'이라는 뜻이다. 2016년 기준 약 18억 명으로 추산되는 이슬람 인구 가운데 수니파가 85퍼센트 정도를 차지하고 시아파는 15퍼센트 정도다.

두 분파는 예언자 무함마드의 사망을 계기로 생겨났다. 아들이 없었던 무함마드는 서기 632년 후계자를 지명하지 않은 채 세상을 떠났다. 누가 후계자가 되어야 할지를 놓고 대립이 이어졌다. 공동체의 합의를 통해 후계자를 결정해야 한다고 주장하는 사람이 수니파, 무함마드의 혈통을 이어받은 사람이 후계자가 되어야 한다고 생각한 사람은 시아파가 되었다.

공동체의 합의를 중시하는 사람들은 아부 바크르를 추대했고 무함마드의 혈통을 주장하는 사람들은 무함마드의 사촌 동생(조카라는 설도 있다)이자 사위인 알리 이븐 아비 탈리브를 추대했지만 공동체는 아부 바크르를 무함마드의 후계자인 초대 칼리프●로 결정했다. 아부 바크르는 무함마드의 장인이자 절친한 동지였지만 혈연관계는 없었다. 결국 시아파의 주장은 무시된 셈이다.

아부 바크르는 칼리프 자리에 오른 지 불과 2년 만에 병으로 죽었다. 우마르와 우스만이 제2대와 제3대 칼리프 자리를 이어받았다. 이들 역시 무함마드와는 혈연관계가 없었다. 수니파가 계속 주도권을 잡은 셈이다. 우마르는 10년, 우스만은 12년 동안 통치하며 이슬람 세계를 크게 넓혔지만 모두 암살을 당해 생을 마감하고 말았다. 제4대 칼리프는 시아파가 추대했던 알리가 선출되었다. 양쪽 분파가 화해하고 평화롭게 지낼 수 있는 절호의 기회가 왔지만 불행하게도 알리

● 칼리프(Caliph)
이슬람 제국의 통치자로서 '대행자'라는 뜻이다. 이 '대행자'는 무함마드의 예언자직을 대행하는 것이 아니라 그의 종교 · 정치 · 군사 지도자로서 위치를 대행하는 것이었다.

역시 칼리프직을 계승한 지 5년 만에 암살당하고 말았다.

알리에게는 아들이 2명 있었다. 무함마드의 손자인 이들은 자신이 후계자가 되어야 한다고 생각했고 시아파 무슬림도 그렇게 생각했다. 그러나 알리의 큰아들 하산은 독살당하고 둘째 아들 후세인 역시 잔인하게 살해되었는데 시아파는 이 사건의 배후에 수니파가 있다고 믿었다. 이슬람의 중요한 두 종파가 1,400년 동안 화합하지 못한 채 지금까지 원수처럼 지내는 이유다.

이들과 달리 영적인 훈련과 수련에 집중해온 또 하나의 무리가 있다. 바로 수피다. 그들은 걸식 수도를 하며 알라와의 합일을 추구했다. 수피와 수니파, 시아파는 서로 입장이 상반되지만 그들을 하나로 뭉치게 하는 강력한 힘은 역시 『꾸란』이다.

∞ 이슬람과 테러

이슬람 세계는 찬란한 역사를 지녔지만 오늘날에는 상대적으로 낙후되어 있다. 인문과학은 물론 자연과학에서도 서구 문명에 종속되지 않으려고 발버둥치고 있으나 거대한 세계화의 흐름을 거스르기에는 힘이 부족하다.

1798년 나폴레옹의 이집트 침략 이후 서구 그리스도교 국가들은 이슬람 세계를 철저히 유린했다. 아랍의 무슬림들은 제1차 세계대전 중 팔레스타인에 아랍 국가를 세워주겠다는 약속을 믿고 독일과 동

오사마 빈 라덴(왼쪽). 빈 라덴과 그가 이끄는 알카에다는 2001년 9·11 테러를 일으켜 3,000명에 달하는 사망자를 내고 세계를 공포에 빠뜨렸다. 미국을 비롯한 서방 세계는 이러한 테러에 단호한 대처를 천명했지만, 이슬람의 테러는 지금도 계속되고 있다.

맹을 맺은 오스만제국과 싸우며 영국을 도왔다. 그러나 영국과 미국을 비롯한 그리스도교 국가들은 약속을 어기고 팔레스타인에 유대 국가를 세웠다.

1948년 팔레스타인에 세워진 유대 국가 이스라엘은 아랍의 무슬림에게는 '심장에 박힌 칼'이다. 게다가 자신들의 보호를 받고 살았던 유대인들과 벌인 전쟁에서 연이은 참패를 당하자 무슬림은 미국과 서구 제국諸國의 이스라엘 편향 정책, 이슬람 세계에 대한 편견에 대항해 극단적인 테러를 벌이기 시작했다.

미국과 서방을 타도하고 전 세계에 이슬람 신천지를 이룩해야 한다는 극단적인 테러리즘은 급기야 2001년 미국의 심장부를 강타한

9·11 테러로 이어졌다. 9·11테러는 세계를 공포에 빠트렸고 이슬람 극단주의 테러는 그 이후에도 날마다 세계를 공포와 충격으로 몰아가고 있다. 2015년 가을 프랑스 파리에 가한 동시다발 테러로 지구 마을은 더욱 충격에 빠졌다.

그럼에도 이슬람을 '평화의 종교'라고 말할 수 있을까? 이 문제에는 간단히 답하기 어렵다. 하지만 이슬람의 근본정신이 평화를 지향한다는 점을 부인할 수는 없다. 과거에 수많은 원주민을 학살하고 정복한 전력이 있다고 해서 그리스도교를 '사랑의 종교'가 아니라고 말할 수 있을까? 그리스도교를 '사랑의 종교'라고 말할 수 있다면 이슬람 역시 '평화의 종교'라고 말할 수 있다. 이 문제는 오늘날 이슬람의 성향을 나타내는 네 부류의 무슬림을 이해하면 충분히 긍정할 수 있을 것이다.●

· 원리주의 또는 급진주의 무슬림 – 이슬람 율법을 극단적으로 해석해 그에 따라 살고자 하는 사람들이다. 이슬람의 세속화와 서구 세계의 문화적 침략에 대

● 바하이교
이란의 시아파 이슬람에서 분리되어 나온 종교다. 현재 세계 곳곳에 600만 명 정도의 신자가 있다. 1863년에 새로운 예언자 바하올라('신의 영광'이라는 뜻)가 나타나 자신은 이 세상에 보편적 종교를 세우기 위해 왔다고 주장했다. 바하올라는 종교와 과학은 서로 모순되는 것이 아니라고 가르쳤고, 세상의 모든 종교도 원래 하나라고 가르쳤다. 또한 사람은 남자와 여자, 인종과 피부색에 상관없이 똑같이 귀하므로 인류는 서로 섬기며 영원하고 보편적인 평화를 수립해야 한다고 주장했다. 하지만 무함마드를 마지막 예언자로 믿는 이슬람 세계는 다른 예언자가 나타났다는 바하이교를 용납할 수 없었다. 이슬람교의 배척을 받은 바하이교는 1979년 이란에 호메이니 정권이 들어서자 큰 박해를 받고 많은 신자가 순교하고 말았다. 하지만 이 사건으로 바하이교는 오히려 전 세계에 확산되었다.

항하는 지하드를 적극 지지하거나 여기에 참여하는 사람들로, 이슬람의 가치를 훼손하는 서구 그리스도교 세력을 사탄으로 여긴다. 이교도와의 평화를 주장하는 무슬림도 배교자로 간주해 테러를 저지르기도 한다. 전 세계 무슬림의 2퍼센트 이내다.

- 헌신적 무슬림 – 이슬람의 교리를 잘 알고 실천하는 사람들이다. 하루 5번의 기도와 라마단 금식을 철저히 지킨다. 자카트를 내고 『꾸란』과 『하디스』를 공부하지만 테러 등 극단적인 행동에는 거부감을 갖는다. 전 세계 무슬림의 약 20퍼센트 정도다.

- 일반적 또는 중도적 무슬림 – 이슬람에 대한 신념이 아니라 문화적 환경 때문에 무슬림이 된 사람들이다. 이슬람 교리를 잘 모르며 과격한 테러를 경멸한다. 대부분의 무슬림은 여기에 속한다. 전 세계 무슬림의 약 75퍼센트 정도를 차지한다.

- 진보적 무슬림 – 이슬람교를 믿지만 교리에 매이지 않는 사람들이다. 이슬람이 현대화하기를 바라고 이스라엘과 평화롭게 지내기를 바란다. 라마단, 하루 5번 기도 같은 무슬림의 가장 기본적인 의무도 지키지 않는 사람도 있다. 복장도 자유롭다. 이슬람 국가보다 서방 세계에 사는 무슬림 가운데 많다. 전체 무슬림 중 약 5퍼센트 정도다.

∞ 현존하는 이슬람 무장 단체들

이슬람 무장 단체●는 1991년 7개에 불과했으나 2013년에는 49개로 늘었다. 대표적인 단체는 다음과 같다.

- IS Islamic State — 알 바그다디를 수장으로 하는 수니파 무장 조직으로, 알카에다의 하부 조직으로 출발했으나 수니파 세력을 집결하고 특히 이라크 패잔병을 흡수해 2016년 현재 국가 형태(영토·국민·주권)를 갖춘 세계 최대의 무슬림 테러 조직으로 성장했다. 칼리프가 다스리는 이슬람 원리주의 국가 수립이 목표다.

- 알카에다 Al Queda — 오사마 빈 라덴이 설립한 수니파 극단주의 테러 단체다. IS 발생 전까지 이슬람 최대 테러 조직이었다. 2001년 9월 11일 뉴욕 테러를 저지른 조직으로 유명하다. 미국 정부는 2011년 5월 2일 미국 특수부대가 빈 라덴을 사살했다고 발표했다.

- 탈레반 Taliban — 아프가니스탄과 파키스탄을 무대로 활동하는 테러 조직이다. 1996년부터 2001년까지 5년간 아프가니스탄을 점령·통치하기도 했다. 9·11 테러를 일으킨 범인을 보호한다는 명목으로 미국이 공습해 정권이 붕괴되었다. 탈레반은 페르시아어로 '학생들'이라는 뜻인데 이슬람 율법을 공부하는 신학생들이 주축이 되어 결성된 단체였음을 나타낸다.

- 하마스 Hamas — 팔레스타인에서 이스라엘을 축출하고 이슬람 국가를 건립하기 위해 설립한 무장 단체다. 동일한 목표를 가졌던 PLO가 대화와 평화를 모색하는 방향으로 선회하자 강경 투쟁을 외치며 세력을 키웠다. 알카에다의

● **무자헤딘(Mujahideen)**
무자헤딘은 특정 테러 조직을 지칭하는 용어가 아니라 '성전에 참여한 전사들'을 뜻하는 보통명사다. 20세기에는 소련의 침공에 대항해 아프가니스탄에서 활동한 게릴라를 지칭하는 용어로 사용되기도 했다.

IS 전사들의 모습. IS는 유례가 없을 정도로 과격하고 잔인한 방식으로 테러를 저지르고 있다.

9·11 테러를 반이슬람적 행위라고 비난했으며, 양민 학살을 일삼는 테러 조직
과는 구별해야 할 단체다.

• 헤즈볼라Hezbollah – 레바논에 기반을 둔 시아파 무장 조직으로 주로 이스라엘
을 상대로 싸우며, 시리아와 이란의 지원을 받고 있다. 민간인을 대상으로 테
러를 일으키는 알카에다나 IS와는 성격이 다르다. 하마스와 같이 9·11 테러를
비난했다.

• 보코하람Boko Haram – 나이지리아를 무대로 활동하는 수니파 테러 조직이다.
신정국가 수립을 목표로 하며 IS에 충성을 맹세하기도 했다. 이슬람 율법을 극
단적으로 해석해 서구식 교육을 받은 사람과 학교에 다니는 여성에게 무차별
테러를 가하고 민간인을 잔혹하게 학살해 국제적으로 악명을 떨치고 있다.

• 알 누스라Al-Nusra – 시리아를 무대로 활동하는 수니파 반군 조직이다. 이슬

람 신정국가 수립을 목표로 활동한다는 점에서 IS와 지향하는 바가 같지만 IS 가 시리아를 침공했다는 이유로 그들과 대립하고 있다.

- 무슬림 형제단Muslim Brotherhood - 현존하는 이슬람 무장 단체로는 가장 역 사가 깊다. 1928년 이슬람 원리주의 회복을 기치로 탄생한 무슬림 형제단은 이집트를 중심으로 북아프리카, 수단, 시리아, 팔레스타인, 레바논 등에 폭넓은 기반을 두고 있으며 이슬람 테러 조직의 모태라고 할 수 있다. 빈 라덴 등 9·11 테러를 일으킨 주동 인물도 거의 무슬림 형제단 출신이었다. 최근에 활동 중인 극단적 테러 단체에 비해서는 상대적으로 온건하며 2011년 아랍의 봄 이후 이집트에서 자유정의당을 창당해 총선에서 498석 가운데 235석을 획득해 제1당이 되기도 했다. 2012년 대선에서도 승리했으나 2013년 군부 쿠데타로 쫓겨나 다시 지하로 숨어들었다.

∞ 테러인가 지하드인가?

오늘날 전 세계에서 벌어지는 무슬림 테러의 원인과 양상은 매우 복잡해 속속들이 밝혀내고 해결하기란 거의 불가능하다. 하지만 크게 서구 그리스도교권 국가들에 대한 테러와 이슬람권 안에서 벌어지는 테러로 나누어 생각하면 해법을 찾는 것도 불가능하지 않다.

이슬람권 안에서 벌어지는 테러의 원인으로는 주로 아랍 왕가의 타락에 대한 경고와 저항, 샤리아로 다스려지는 이슬람 제국 건설 욕구, 수니파와 시아파의 종파 갈등, 서구 세계와 대이스라엘 정책에 대

1099년 제1차 십자군의 예루살렘 전투를 묘사한 그림. 십자군은 예루살렘을 정복하고 유대인과 무슬림을 학살했다. 십자군은 이후 원정에서도 많은 학살과 범죄를 저질렀다.

한 견해 차이 등으로 요약할 수 있다. 하지만 이것들은 이슬람 내의 문제이므로 여기서는 논의하지 않기로 한다.

그러면 서구 그리스도교 국가들을 대상으로 하는 테러 행위의 이유는 무엇일까? 모든 대서방 무슬림 테러 조직은 자신들의 활동이 『꾸란』에 근거한 정당방위 즉 지하드라고 주장한다. 그들이 내세우는 근거는 다음과 같다.

우선 과거 서구 그리스도교 국가들은 십자군 전쟁을 통해 200년 동안 이슬람 세계를 침공하고 파괴했으며 특히 성지 예루살렘에 거주하던 무슬림을 살해했다(제1차 십자군 전쟁 때 예루살렘을 정복한 십자군은 예루살렘 성전에 거주하는 유대인과 무슬림을 보이는 대로 죽였으며 무슬림은 아직도 그 사건을 잊지 못하고 있다)는 것이다. 두 번째로 영국과 프랑스를 비롯한 서구 그리스도교 국가들은 지난 200년 동안 이슬람 세계를 지속적으로 착취해왔다(18세기말부터 제2차 세계대전이 끝난 20세기 중반까지 이슬람 세계는 서구의 침략과 지배를 받아왔다). 세 번째로 영국은 이슬람을 속여 팔레스타인에 유대인의 국가가 들어서게 했으며, 미국도 적극적으로 협조했다.

또한 서구 그리스도교 국가들은 알라가 무슬림에게 준 선물인 석유를 독점해 무슬림의 재산을 부당하게 착취했다(서구 제국은 19세기 말부터 아랍 지역의 석유를 독점해 엄청난 폭리를 취해왔으며 이런 경제적 착취는 아랍 제국이 석유를 국유화하기 시작한 1970년대까지 계속되었다. 알카에다를 창설한 오사마 빈 라덴은 이 점을 지속적으로 강조하며 테러의 명분으로 삼았다). 마지막으로, 9·11 테러 이후 미국은 부당하게 아프가니스탄과 이라크를 침공했으며 무차별 폭격으로 선량한 무슬림을 너무 많이 죽였다(미국의 폭격으로 죽은 무슬림 양민의 수는 9·11 테러로 숨진 사람과 비교할 수 없이 많다. IS는 서구 제국의 폭격으로 숨진 양민의 자녀들을 거두어 무슬림 테러 전사로 키웠다).

대서방 무슬림 테러 조직은 이런 이유를 들어 자신들의 활동이 『꾸란』에 근거한 정당한 지하드라고 주장한다. 그들이 내세우는 『꾸란』의 구절들을 살펴보자.

"이교도들과 싸우고 그들이 네게서 무자비함을 느끼게 하라."(『꾸란』 9:123)

"그들이 이슬람을 거부하면 포획하고 발견하는 대로 죽여라."(『꾸란』 4:89)

『꾸란』에 이런 내용이 있는 것은 사실이다. 하지만 이런 구절은 그리스도교『성서』에도 적지 않게 등장한다.

"아말렉을 치고 그 재산을 사정 보지 말고 모조리 없애라. 남자와 여자, 아이와 젖먹이, 소떼와 양떼, 낙타와 나귀 할 것 없이 모조리 죽여야 한다."(「사무엘상」 15:3)

"그 성읍에 사는 주민을 칼로 쳐죽여야 한다. 그 성읍과 그 안에 있는 모든 것을 말끔히 없애버려야 한다. 거기에 있는 가축도 칼로 쳐죽이고 모든 전리품을 장터에 모아놓고 그 전리품과 함께 온 성읍을 불살라 너희 하느님 야훼께 바쳐야 한다."(「신명기」 13:16-17)

『성서』와『꾸란』에 이런 잔인한 내용이 기록된 배경에는 양쪽 모두 전쟁 중이었다는 공통점이 있다. 전쟁은 사람을 짐승으로 만든다. 부모와 형제들이 적의 칼에 목숨을 잃는 현장에서 합리적인 판단을 하기는 어렵다. 위의 구절들은 유대인과 무슬림이 전쟁을 치르면서 자신과 공동체를 지키기 위해 처절한 선택을 할 수밖에 없었던 당시의 긴박한 상황을 보여준다.

그러나 21세기가 된 오늘날까지도 "경전에 기록되었으니 무조건 옳다"고 생각하는 종교인이 있다는 것은 지구 마을의 큰 비극이다. 경전의 내용을 문자 그대로가 아니라 당시의 상황에 비추어 재해석하는 것은 무슬림뿐 아니라 유대교인과 그리스도인 등 유일신 종교를 가진 신도들이 반드시 감당해야 할 인류 사회의 큰 숙제다.

다행스럽게도 오늘날 양민에게 저지르는 테러를 지하드로 인정하는 무슬림은 거의 없다. 테러리스트들도 무슬림으로 인정받지 못한다. 세계이슬람협력기구OIC는 알카에다와 IS를 반反이슬람 테러 단체로 규정했으며, 이슬람 언론이 한 여론조사에서도 IS와 알카에다에 반대하는 의견이 99퍼센트에 달했다.

또한 『꾸란』은 어떤 형태의 자살도 인정하지 않는다. 자살 폭탄 테러로 순교하면 천국에서 72명의 처녀에게 환대를 받는다는 속설이 이슬람 세계에 광범위하게 퍼져 있지만 『꾸란』에는 그런 내용이 없다. 『꾸란』과 『하디스』의 여러 구절을 꿰어 맞춘 속설일 뿐이다.

하지만 우리는 여기서 한 가지를 더 물어야 한다. 테러를 당하는 서방 그리스도교 국가들은 단지 피해자일 뿐인가? 서구 제국의 이슬람 착취는 잊어버려야 할 과거의 유산일 뿐일까? 민간인을 대상으로 벌이는 테러는 어떤 이유로도 정당화할 수 없다. 하지만 서방 그리스도교 국가들이 무슬림의 역사적 원한을 어떻게 풀어주고 달래줄 것인가를 진지하게 성찰하고 잘못을 반성하며 과거 역사적 사실에 책임 있는 사과와 보상을 하지 않는 한, 무슬림 테러 문제는 근본적으로 해결하기 어려울 것이다.

4

인도 종교

1

힌두교

∞ 여러 형태의 종교가 어우러진 힌두교

'힌두'는 '인도'와 같은 말이다. 그러니까 힌두교는 '인도 사람들의 종교'라는 뜻이다. 힌두교는 하나의 단일한 종교가 아니다. 여러 형태의 종교가 뒤섞여 힌두교라는 이름 아래 조화를 이루며 융합하고 있다. 사람들은 이런 인도 사람들의 종교를 '힌두교Hinduism'라는 말로 폭넓게 아우르고 있다. 그러므로 힌두교가 어떤 종교인지 간단히 규정하기는 매우 어렵다. 힌두교는 인도 사람들이 갖고 있는 여러 가지 신앙, 매우 유동적이라 항상 변화하는 그들의 신앙과 그에 따른 생활 전체를 총칭한다고 보아야 한다. 실제로 힌두교를 믿는 사람 중에는 범신론자, 다신론자, 유일신론자뿐 아니라 불가지론자, 무신론자도 있다.

힌두교인은 자신의 종교를 다르마Dharma(삶과 사고의 방식)라고 한다. 삶과 종교가 구분되어 있다고 생각하는 게 아니라, 종교는 삶과 밀접하게 결합되어 있으며 '삶 자체로서 종교'라고 생각하기 때문이다. 힌두교인 중에는 엄격한 종교적 규범을 준수하는 사람도 있고 도덕을 초월해 명상 등의 신비주의에 몰입하는 사람도 있다. 그러나 이러한 다양성에도, 그들 전체는 카스트제도를 통해 일치를 이루고 있다.

∞ 초기 힌두교

서기전 2000년경 인도-아리아족이 인도 북서부 지방을 침입해 오래전부터 살고 있던 원주민 다사족을 제압하고 눌러앉았다. 다사족은 아리아족이 들어오기 전부터 원시 형태의 업Karma 사상과 윤회 사상을 갖고 있었던 것으로 보인다.

아리아족은 풍부한 감성과 종교성을 가지고 있었다. 유럽에 살고 있던 이 족속의 일부는 페르시아 지방으로 이동해 조로아스터교라는 위대한 종교를 낳기도 했다. 다른 무리는 여행을 계속해 인도까지 오게 되었는데, 이들은 원주민의 종교 사상에 자기들의 종교적 감성을 더해 신화와 전설, 민담 등을 풍부하게 개발했다. 그 결과 힌두교라는 또 하나의 위대한 종교가 탄생했다.

초기의 힌두교는 베다 문헌의 초기 형태인 『리그베다』에 나타난 다

베다 성전에는 많은 신을 찬미하는 내용의 시가 실려 있는데, 이는 인도 문화의 기초가 되었다. 『리그 베다』는 베다 중 가장 오래된 것이다.

신교적 형태였다. 유럽 전역과 페르시아에 흩어진 아리아족의 전반적인 다신교적 양태와 흡사하다. 지상과 천상, 대기에는 인드라를 비롯한 여러 신이 존재하고 있으며 신들은 인간의 삶과 죽음에 영향을 끼친다는 것이다.

그러나 신들을 경배하는 방법인 제사 의식이 점차 경배를 넘어 주술적 효과를 내면서 인간이 오히려 신들까지도 통솔할 수 있게 되었다. 힌두교 제사 의식은 단순히 신을 경배하는 차원을 넘어 인간에게 유익을 가져오는 수단으로 발전했으며, 제사 의식이 신뿐 아니라 우주 전체에 영향을 미친다고 생각하게 되었다. 따라서 제사 의식을 집행하는 사제들의 위치가 신보다 높아지게 되었으며, 그들의 관심은 신 존재를 넘어 만물의 궁극자에 이르게 되었다. 힌두교는 신을 경배하고 제사를 드리는 원시종교 형태를 넘어 세계 · 우주와의 합일, 인간의 궁극적 행복을 추구하는 형이상학적 성격을 띠며 고등종교로 부상했다.

∞ 베다와 『우파니샤드』

힌두교의 경전은 베다에서 시작된다. 베다는 인도에서 가장 오래된 신화적 제사 의식 문헌으로, '성스러운 지식' 또는 '종교적 지식'을 의미하며 영어의 'Wit', 'Wisdom'과 어원이 같다. 현재 남아 있는 베다 문헌으로는 『리그베다』와 『사마베다』, 『야주르베다』, 『아타르바베다』의 4종류가 있다.

『리그베다』는 신에게 제사드릴 때, 신을 초청하는 내용으로 이루어져 있다. 『사마베다』는 제사 의식을 집행하면서 신을 경배하고 찬양하는 내용이다. 『야주르베다』는 제사를 집행하는 과정과 절차에 대해 기록되어 있고 『아타르바베다』는 재앙을 물리치고 복을 비는 등 주술과 관계가 있다. 이 네 베다는 서기전 1500~1000년경에 이루어졌다고 한다.

그리고 베다의 지침서인 『브라흐마나』, 베다의 해설서이며 종합 지혜서인 『우파니샤드』가 파생되었다. 이외에도 『바가바드기타』(성스러운 신에 대한 찬가)가 들어 있는 『마하바라타』(위대한 바라타족의 전쟁에 대한 서사시)와 『라마야나』(라마의 기행에 대한 서사시), 『푸라나』, 『탄드라』, 『아가마』 등 성전에 준하는 많은 문헌이 있다.

힌두 사제들의 관심은 궁극적 유일자에게 향해 있었는데, 그들이 철학적으로 탐구하고 명상한 결과가 『우파니샤드』에 집대성되어 있다. 사색적인 사제들은 기도문의 성스러운 힘이 인간과 신을 복종시키는 것을 넘어 우주의 대사까지도 바꿀 수 있다고 여겼다. 그리고 그 힘이 우주의 궁극적인 원리라는 데에 생각이 미쳤다. 사제들은 그 힘을 우주의 진정한 핵심인 브라만이라고 생각했다.

사제들이 다음 단계로 관심을 가졌던 것은 그 '궁극자와의 합일'이었다. 모든 존재를 포용하는 실재로서의 브라만과 초월적 자아로서의 아트만의 진정한 합일이야말로 윤회●를 극복하고 온전히 구원에 이르는 길이라고 보았기 때문이다.

∞ 힌두교의 신들

힌두교의 신은 수를 헤아릴 수 없을 만큼 많다. 사람보다 신이 많다고도 한다. 힌두교 신은 어느 곳에나 있다. 동물이나 식물 속에 살기도 하고 서로 싸우거나 장난을 치기도 한다. 힌두교인이 소를 신성시하고 소고기를 먹지 않는 것도 신이 소의 몸 안에 살고 있다고 믿기 때문이다. 소는 동물 가운데 신이 거주하기에 가장 좋은 거룩한 집이다. 마찬가지 이유로 개나 양을 신성한 동물로 여기는 힌두교인도 있다. 그들은 신이 동물을 타고 다닌다고 믿는다.

● 윤회(輪廻)
생명이 있는 것, 즉 중생은 죽어도 다시 태어나 생이 반복된다는 사상이다. 산스크리트어의 삼사라(Samsara)를 번역한 말로, 전생(轉生), 재생(再生), 유전(流轉)이라고도 한다. 불교에서는 윤회하는 세계에 지옥, 아귀(餓鬼), 축생(畜生), 아수라(阿修羅), 인간, 천상(天上)의 6도(六道)가 있다고 한다. 6도 중 어느 세계에 태어나느냐는 것은 자신의 행위와 그 행위 결과의 총체인 업(業)에 따라 결정된다.

힌두교에서 중요한 위치를 차지하는 세 신인 비슈누, 시바, 브라흐마.

힌두교 신에 대한 다양한 지식은 베다에서 얻을 수 있다. 『리그베다』에는 많은 신이 등장한다. 폭풍과 전쟁의 신 인드라, 인드라와 대조되는 무서운 산신 루드라, 바람 신 바유, 여명의 신 우샤스, 불의 신 아그니 등이 중요한 위치를 차지한다. 그러나 가장 중요하고 존경받는 신은 창조의 신 브라흐마, 세상을 유지시켜주는 비슈누, 파괴의 신 시바다.

브라흐마는 '프라자파티'라고도 부르는데 '아이들의 신'이라는 뜻이다. 아이와 더불어 새 생명이 시작되기 때문이다. 브라흐마는 머리 4개에 팔 4개를 가지고 있으며 주로 비슈누의 배꼽에서 자라는 연꽃

잎 위에 앉아 있는 모양으로 표현된다.

비슈누는 세상을 유지하고 돌아가게 하는 신이다. 힌두교인들이 가장 좋아하는 신이라고 할 수 있다. 착한 사람을 보호해주고 나쁜 사람에게는 벌을 주는 정의의 신이기 때문이다. 크리슈나, 라마라는 이름도 갖고 있는 비슈누는 세상을 아름답게 유지하기 위해 여러 번 모습을 바꾸어 인간 세계에 강림했다. 이렇게 인간 세계에 내려온 비슈누를 아바타라고 부른다. 요새는 '아바타'라고 하면 인터넷상에서 사용자를 대신하는 캐릭터를 떠올린다. 사용자가 아바타를 꾸미고 다양하게 모습을 바꾸는 것처럼 비슈누는 세상을 구원하기 위해 여러 차례 모습을 바꾸었다. 비슈누의 첫 번째 아바타는 물고기였는데, 인간을 큰 홍수에서 구하기 위해서였다. 아홉 번째 아바타는 불교를 창시한 싯다르타였다. 지금도 많은 힌두교인이 폭력과 불의로 얼룩진 이 세상을 구원해줄 비슈누의 열 번째 아바타를 기다리고 있다.

시바는 파괴와 죽음의 신이다. 하지만 이 파괴는 새로운 창조와 생명을 위한 파괴로 꼭 필요한 것이다. 시바는 반은 남자, 반은 여자의 모습을 하고 있다.

∞ 인생의 목적

힌두교는 현실주의적인 성향이 강하다. 인간은 무수한 윤회를 겪으면서 네 가지 삶의 목적을 추구해야 하는데, 처음 두 가지는 욕망을 따르는 것이고 다음 두 가지는 욕망을 절제하는 것이다. 그 네 가지 목적은 다음과 같다.

첫째 목적은 카마다. 카마는 애착을 통한 쾌락을 의미한다. 힌두교는 인간에게 욕망이 중요하다는 점을 인정한다. 그러나 쾌락만으로는 구원에 이르기에 충분하지 못하다. 둘째 목적은 아르타다. 권력과 재물 등을 소유하는 것으로, 사회적인 지위나 성공도 뜻한다. 아르타는 인간이 가질 수 있는 정당한 욕구지만 이것도 인생 최고의 목표가 될 수 없다. 셋째 목적은 다르마다. 다르마는 종교적·도덕적 법칙으로 앞의 두 가지보다 훨씬 가치 있는 생활 기준이다. 이기적인 욕망을 버리고 가정과 카스트, 공동체에 의무를 다하며 경전이 제시하는 윤리 원칙을 준수하고 만인의 행복을 추구하는 것으로, 이를 통해 지극한 즐거움에 도달할 수 있다고 한다. 하지만 이 역시 궁극적인 삶의 목적이 되지 못한다. 넷째는 모크샤로 구원 또는 해탈을 말한다. 모크샤야말로 힌두교에서 추구하는 인생 최고의 경지다. 모크샤에 이르려면 착한 일을 많이 하고, 지혜를 쌓아서 악을 멀리 하고, 신을 정성껏 섬겨야 한다.

힌두교인은 감사하는 마음으로 어느 신이건 정성껏 섬기면 구원을 받을 수 있다고 생각한다. 어떤 신이건, 어느 종교의 신이건 관계가 없기에 이웃 종교에 대한 배타성이 없었다. 하지만 다른 종교를 인정하지 않는 유일신 종교들, 특히 이슬람과의 교류 이후 종교 간 갈등에 휘말리게 되었다.

∞ 구원의 길

힌두교에서 죽은 사람의 영혼은 브라만과 합일하는 경우를 제외하고는 모두 천상이나 지옥 등 다른 곳에 가게 된다. 그곳에서 다른 존재로 다시 태어나 얼마간 살다가 죽고 또 다른 존재로 태어나게 된다. 브라만과 합일하지 않은 영혼은 재생의 사슬을 되풀이한다. 항상 같은 존재로 태어나는 것이 아니라 천상이나 지옥, 혹은 지상에서 식물, 동물, 인간 등 갖가지 형태로 거듭 태어난다. 이승이나 전생보다 열등하게 태어날 수도 있고 월등하게 태어날 수도 있다. 하층민인 수드라가 브라만이나 크샤트리아로 태어날 수도 있고 브라만이나 크샤트리아가 수드라로 태어날 수도 있으며 심지어 동물이나 식물, 벌레로 태어날 수도 있다. 지옥에서 태어날 수도 있다. 윤회 사상은 힌두교 사상에서 발전해 불교 철학의 근간이 되었으며, 인도의 가장 뚜렷한 사상 체계를 이루고 있다.

윤회에서 인간의 내생을 결정짓는 것은 무엇일까? 그것은 바로 업Karma이다. 내생은 업에 따라 결정된다. 전생의 업적이 이승에서 일어나는 일의 원인이 되는데, 마치 자연의 법칙과 같아서 어김없이 정확하다. 「찬도기야 우파니샤드」에는 다음과 같은 구절이 나온다. "현세에서 좋은 일을 하는 사람은 내생에서 브라만이나 크샤트리아나 아니면 바이샤로 태어나게 될 것이다. 현세에서 좋지 않은 일을 하는 사람은 개나 돼지, 또는 카스트에도 못 드는 천민으로 태어나게 될 것이다."

인도의 바라나시는 1,500개가 넘는 힌두교 사원과 갠지스강이 있어, 힌두교 성지 중 가장 중요하게 꼽히는 곳이다. 힌두교인은 갠지스강을 성스러운 강으로 여겨, 이곳에서 목욕을 하면 죄를 씻을 수 있다고 믿는다.

힌두교에서 구원에 이르는 길은 세 가지다. 첫 번째는 카르마 마르가로, 공덕을 쌓아서 구원에 이르는 것이다. 두 번째는 지혜를 쌓아서 구원에 이르는 것이다. 인간의 모든 슬픔과 악은 아비댜(무지)에서 시작되었기에, 지혜로 무지를 극복함으로써 해탈에 이를 수 있다는 것이다. 세 번째는 박티 마르가다. 박티는 이미 받았거나 약속된 은혜에 감사하는 마음으로 신에게 지성껏 봉헌하는 것이다.

힌두교는 인류의 정신세계를 한층 풍부하게 해주었다. 현실주의적인 종교로서 세계와 인생에 대한 철학적 깊이를 더해주었을 뿐 아니라 오랫동안 아시아인의 삶에 큰 빛을 주었기 때문이다. 힌두교 철학에 깊은 감명을 받은 토인비는 "21세기에는 종교가 과학기술의 우위에 서게 될 것이며 피정복자였던 인도가 그들의 정복자들을 정복하게 될 것"이라고 예언하기도 했다.

∞ 카스트제도

인도인의 종교 생활과 사회생활은 밀접한 관계가 있다. 힌두교가 오랜 세월 동안 인도인의 생활과 사상 속에서 자연적으로 발생했기 때문이다. 그래서 특정한 교리와 체계를 갖고 있지 않으며 다양한 신화, 전설, 의식, 제도, 관습을 포함한다. 이러한 다양성을 통일해 하나의 종교로서 구체적으로 기능하게 하는 것이 바로 카스트제도다.

카스트제도는 인도 사회 특유의 신분제도인데 사제 계급인 브라만, 지배계급인 크샤트리아, 농민이나 상인 등 서민계급인 바이샤, 노예 계급인 수드라로 구분한다. 각 계급 사이에는 결혼이 금지되고 신분 상승은 기대할 수 없기 때문에 인도인의 평생을 좌우한다고 볼 수 있다.

카스트에도 들지 못하는 천한 계급이 있는데, 불가촉천민이라고 한다. 어부, 짐승을 도살하거나 오물을 치우는 사람, 청소부, 세탁 일을 하는 사람들이 여기 속한다. 인도 원주민은 대부분 불가촉천민이다.

인도의 헌법제정회의는 1949년에 채택한 헌법에서 불가촉천민이라는 말을 사용하는 것과, 사회적 차별 행위를 모두 불법으로 규정했다. 하지만 힌두교인 중에는 아직도 이런 편견에서 벗어나지 못하는

고대 인도의 크샤트리아 계급을 나타낸 부조. 성문을 나서는 전사의 모습이다.

사람이 많다. 마하트마 간디는 불가촉천민을 하리잔Harijan(신의 자녀들이라는 뜻)이라고 부르며 이들의 해방을 위해 활동하기도 했다.

인도의 카스트제도에는 종족, 직업, 종교적인 여러 가지 조건이 복잡하게 얽혀 있다. 그러므로 인도인은 힌두교도로 태어난다고 할 수 있으며, 신앙에는 상당히 관용적이지만 카스트제도에는 엄격하다. 카스트제도는 전생의 행실에 대한 당연한 결과라는 '윤회와 업' 사상과 연결되어 거부할 수 없는 도덕적 정당성을 갖게 되기 때문이다.

∞ 인도의 종교 갈등

오늘날 인도인의 80퍼센트 이상은 힌두교를 믿는다.● 이슬람교를 믿는 사람이 약 14퍼센트, 시크교인이 약 2퍼센트, 불교인은 1퍼센트 미만이다. 소수지만 자이나교인과 그리스도인도 있다.

20세기 이후 인도만큼 종교 갈등을 크게 겪은 나라도 많지 않다. 인도의 전통 종교인 힌두교는 본래 종교의 다양성을 존중하는 너그러운 종교였지만 이슬람교가 들어오면서 갈등이 생기기 시작했다. 영국에서 독립한 후에는 갈등이 더욱 깊어져 이슬람 세력이 강한 방글라데시와 파키스탄은 인도에서 분리되어 나갔다.

힌두교와 이슬람교의 갈등은 21세기에 들어선 지금도 여전히 진행 중이다. 인도에 사는 독실한 무슬림의 눈에는 알라가 아닌 신을 모시는 힌두교 사원과 수많은 신상이 모두 우상으로 보인다. 마찬가지로 인도에 사는 독실한 힌두교인 가운데는 인도가 완전한 힌두교 국가가 되어야 한다고 믿는 사람도 있다. 간디를 암살한 사람도 이런 힌두교인이었다.

* **힌두교의 나라 네팔**
전체 국민 대 신자 비율로 보면 힌두교를 가장 많이 믿는 나라는 인도가 아니라 이웃 나라인 네팔이다. 네팔인의 95퍼센트 이상이 힌두교를 믿는다.

2

불교

∞ 불교의 시작

불교는 서기전 6세기 경 인도에서 고타마 싯다르타로부터 시작되었다. '불교'라는 말에는 '부처가 가르친 교법'이라는 뜻과 '부처가 되기 위한 교법'이라는 뜻이 함께 담겨 있다. 불(佛)은 '깨달은 사람'이라는 뜻의 산스크리트 팔리어 보통명사였으나 후에는 샤키아무니('샤키아족의 현자'라는 뜻으로, 한자로 옮기면 '석가모니'가 된다)를 가리키는 말이 되었다.

싯다르타는 인도 북부 지방에 있는 작은 나라의 왕자로 태어났다. 그의 어머니 마야부인은 흰 코끼리가 옆구리로 들어오는 태몽을 꾸고 아이를 잉태했다. 열 달이 지나고 아기를 낳으려고 집에 가던 길

에 갑자기 큰 나무 한 그루가 마야부인에게 넙죽 절을 올렸다. 부인이 나무 가지를 잡자 사내아이가 옆구리에서 튀어나왔다. 아이는 태어나자마자 이렇게 외쳤다. "하늘 위나, 하늘 아래, 나보다 소중한 사람은 없다. 내가 세상을 편안하게 만들 것이다."

장성한 왕자는 16세에 결혼해 아들을 낳고 부족함 없이 살았지만 행복하지 않았다. 왕이든 천민이든 인간이면 누구나 생·노·병·사生老病死의 운명에서 벗어날 수 없음을 알고 고뇌하던 그는 이 문제의 해답을 얻기 위해 궁전과 가정을 버리고 수행의 길을 떠났다. 싯다르타는 깨달음을 얻기 위해 수도사들과 어울려 수행했으나 해답을 얻지 못했다. 그는 보리수 아래에서 요가·금욕·명상 등으로 수련을 했다. 외로움에 젖고 많은 유혹을 받으면서 인간의 모든 고통은 욕심이 원인이라는 것을 깨달았다. 싯다르타의 보리수 수행은 불교 수도의 기

인도의 롤리안 탕가이에서 출토된 이 석판은 붓다가 제자들에게 첫 설법을 하는 모습을 보여주고 있다. 머리를 깎은 제자들과 합장한 남녀 신도들이 설법을 듣기 위해 몰려와 있다.

본인 참선參禪의 효시가 되었다.

싯다르타는 6년의 고행 끝에 보리수 아래에서 해답을 찾았다. 욕망과 그에 따른 고통, 사악한 마음은 사라지고 지혜가 솟아올랐다. 만족도 불만도 없는 평화를 얻었다. 그는 깨달음으로 현세에서 열반의 경지에 도달했다. 붓다 즉 '깨달은 사람'이 된 것이다.

석가모니는 자신이 터득한 도를 설파하기 위해 다시 속세로 향했다. 생을 마감하고 열반에 들 수 있었지만 그러지 않고 사람들에게 도를 전했다. 그를 만나 설법을 들은 사람들은 그를 부처로 인정하고 따르기 시작했다. 그는 80세에 세상을 떠나기까지 40여 년 동안 불법을 펼쳤고 따르는 제자도 점점 늘어 불교는 인도 전역으로 퍼져 나갔다.

불교는 석가모니 생존 시기에 이미 활발한 포교 활동이 이루어졌으며 서기전 3세기에 인도를 다스린 아소카 왕은 스리랑카와 버마(미얀마), 시리아, 그리스까지 포교사를 보냈다. 중국에 전파된 불교는 유교와 도교 등 전통적인 중국 종교와 마찰을 빚기도 했지만 5~6세기에 크게 꽃을 피웠다. 중국의 불교는 우리나라에 전파되어 신라 시대에 원효와 의상, 고려 시대에는 의천과 지눌, 보우 등 세계적인 불교 지도자를 배출했다. 불교는 우리나라에서 일본으로 전파되어 마침내 세계종교로 자리 잡게 되었다.

불교는 니체와 쇼펜하우어, 하이데거 등 서양의 근·현대 철학자들을 크게 감동시켰고, 20세기에 들어 미국과 유럽의 지성인들은 폭넓게 불교를 받아들이기 시작했다. 구원을 얻기 위해 신에 의지하는 서양 종교와 달리 깨달음을 강조하는 불교가 신선하게 여겨졌다. 신과 인간의 관계를 중시하면서도 동·식물과 자연에 존경심을 갖지 못하고 환경을 마구 파괴해온 서구 그리스도교에 비해 불교가 가진 폭넓은 생명 사랑의 정신 등이 서양인들을 크게 감동시켰던 것이다. 불교는 인도의 경계를 넘어 전 세계로 뻗어갔지만 정작 발흥지인 인도에서는 힌두교의 박해와 불교 사상 흡수, 이슬람의 진출 등으로 8~9세기부터 쇠퇴의 길로 들어서 13세기경에는 인도에서 거의 사라지고 말았다.

∞ 석가모니의 가르침

불교는 일반적으로 붓다Buddha의 이름을 중심으로 응집되어 있는 사상·실천·조직을 총칭한다. 창시자인 불佛, Buddha, 그의 가르침인 법法, Dharma, 그리고 그를 따르는 공동체인 승僧, Samgha을 불교의 삼보三寶라고 한다.

붓다가 가르친 핵심은 연기緣起에 기초한 윤회輪廻와 업業 그리고 해탈解脫로 인도 고유의 윤회와 업 사상을 받아들이면서도 해탈에 이르는 독특한 방법과 교설을 제시했다. 불교에서 말하는 해탈의 핵심은

오랜 고행으로 앙상하게 마른 석가모니. 인간의 고통은 욕심에서 비롯된다는 것을 깨달은 석가모니는 고행 끝에 욕망과 그에 따른 고통에서 벗어날 수 있었다.

붓다가 초기에 설법한 사성제와 팔정도로 요약된다.

사람의 인생은 전생과 현생이 욕망과 고통의 사슬로 연결되어 있다. 인간이 무지해 욕망을 억제하지 못하면 업의 법칙에 따라 그 인연이 내생으로 윤회하는데, 이것은 고통스런 삶의 연속을 의미한다. 그러나 깨달음으로 부처가 되어 열반에 이르면 윤회가 정지하고 영원한 자유를 누린다.

초기 불교는 어떠한 신의 개입도 거부하고 철저히 인간 스스로의 깨달음을 강조했다. 이 세상에 존재하는 것은 모두 무상하며 그 무상한 것에 집착하는 인간의 욕심과 무지가 모든 괴로움의 원인이다. 그러므로 이러한 이치를 깨닫고 집착과 욕망을 극복하면 인간의 삶은 영원히 다시 태어나는 괴로움의 굴레인 윤회에서 빠져나와 열반에 이른다는 것이다.

∞ 불교의 경전

오늘날 유일신 종교의 경전은 하나의 책으로 잘 정리되어 있다. 유대교는 『히브리 성서(구약성서)』, 그리스도교는 『구약성서』와 『신약성서』, 이슬람교는 『꾸란』이 있다. 하지만 불교의 경전은 하나로 정리할 수 없다. 석가모니 부처의 가르침은 8만 4,000가지에 이르며, 경전도 무수히 많아 4~6세기 중국에서 번역된 경전만 다 합해도 3,000종이 넘는다고 한다.

석굴암 본존불 뒤로 10대 제자 중 하나인 아난다(맨 왼쪽)가 보인다. 부처가 입멸한 후 부처의 가르침을 바르게 전하기 위해 마하가섭의 주도로 1차 결집이 이루어졌다. 이 회의에서 석가모니의 말씀을 가장 많이 들은(多聞第一) 아난다가 법을 송출(誦出)했다. 아난다는 부처가 입멸할 때까지 25년간 한 번도 부처 곁을 떠나지 않으며 가르침을 들었다고 한다.

석가모니 부처도 예수나 무함마드와 마찬가지로 직접 글을 남기지 않았다. 부처의 말은 제자들이 구전으로 전수하다가 200년 이상 지난 후 문자로 기록되었다. 그 기간 동안에 3번의 결집(부처의 말씀을 모으는 작업)이 있었다.

1차 결집은 부처 입멸 직후 제자 아난다가 약 500명의 제자들 앞에서 "나는 이와 같이 들었다"며 법을 외움으로써 이루어졌다. 이때 아난다가 외운 말씀을 후대에 기록한 것이 경經이다. 우팔리라는 제자도 부처의 말씀 중 승단의 운영과 규칙에 관계된 것을 외웠다. 그것은 율律이라고 한다. 2차 결집은 부처 입멸 후 100년 정도 지난 서기전 390년경에 이루어졌다. 3차 결집은 서기전 247년경에 이루어졌는데, 이때 비로소 구전으로 내려오던 경과 율이 문자로 기록되었다. 후에 경과 율에 대한 해설이 모아졌는데 이것을 논論이라고 한다. 경과 율과 논을 합쳐서 삼장三藏이라고 하는데 '세 개의 바구니'를 뜻하는 'Tripitaka'에서 온 말이다.

최초로 기록된 원시 불전(여기서 '원시'라는 말은 미흡하다는 뜻이 아니라 시대적으로 앞섰다는 뜻이다)을 아함경이라고 한다. 아함경은 어느 특정 경전이 아니라 시대적으로 가장 앞선 소승불교의 경전을 총칭하는 용어다. 『법구경』, 『대반열반경』 등은 따로 구분하기도 하지만 아함경에 모두 포함시키기도 한다. 대승불교의 경전은 서기전 1세기부터 출현했으며 서기 5세기에 이르러 대부분 완성되었다. 우리가 많이 들어본 『반야경』, 『유마경』, 『법화경』, 『화엄경』, 『아미타경』 등은 모두 대승불교의 경전이다.

∞ 불교의 우주관

불교는 삼라만상을 무상無相한 것으로 본다. 무상이란 본래 사물에는 모양相이 없다는 뜻으로, 존재하는 모든 사물에는 고정적인 모습이나 실제적인 모양이 없다는 의미다. 우리가 보고 만지고 느끼는 모든 것은 본래부터 있던 것이 아니라 연기緣起에 의한 작용으로 발생한 것이다.

연기란 인연생기因緣生起(인과 연에 의지해 생겨난다는 뜻)의 준말로 우주(법계)에 본래부터 존재하는 보편 법칙, 즉 인因(직접적 원인)과 연緣(간접적 원인)에 의지해 끊임없이 이어지는 우주 불변의 법칙을 말하는 것이다. 그러니까 우주 만물 가운데 영원히 변하지 않는 것이 있다면 그것은 연기의 법칙뿐이며 영원불멸의 존재란 없는 것이다.

이런 불교의 세계관은 서양 종교의 가르침에 익숙한 사람들에게는 당혹스러울 수 있다. 영생도 천국도 없다는 말이 되기 때문이다. 불교는 그렇게 가르치지만, 그렇다고 불교를 무無의 종교 또는 허무의 종교라고 말할 수는 없다. 열반涅槃, Nirvana이라는 궁극의 경지가 있기 때문이다.

열반은 수행으로 진리를 체득해 일체의 미혹과 집착에서 벗어난 최고의 경지를 말한다. 멸도滅度, 적멸寂滅, 원적圓寂, 무위無爲, 부작不作, 무생無生 등으로 의역하기도 한다. 열반이라는 말은 원래 '불어서 끄다', '불어서 꺼진 상태'를 뜻한다. 마치 바람이 불어와 타고 있는 불을 꺼버리듯이, 지혜로 번뇌의 불꽃을 꺼서 일체의 번뇌와 고뇌가 소멸된 상태를 의미한다.

∞ 인생은 고통

불교의 인생관을 한마디로 요약해 말한다면 사성제四聖諦라고 할 수 있다. 사성제란 네 가지의 거룩한 진리를 말하는 것으로 인생의 문제를 고苦, 집執, 멸滅, 도道 네 가지로 나누어 설명한다.

불교는 '인생은 고Dukkha'라는 비관주의적 인생관에서 출발한다. 'Dukkha'는 바퀴의 축이 빗나간 것이나 뼈가 제자리에서 벗어난 것을 뜻하는 말로, 불교에서는 이 세상에 사는 모든 유한한 존재 속에 침투해 들어온 고통을 의미한다. 석가모니 부처는 모든 인생이 겪는 공통의 고苦로 아이를 낳는 고통, 병고, 노쇠, 죽음, 미움, 사랑하는 사람과의 이별 등을 들었다.

석가모니 부처는 인생이 제자리에서 벗어나 고통을 받게 되는 원인을 욕망Tanha, 즉 무엇인가에 집착하는 것 때문으로 보았다. 그러나 여기서 말하는 집착은 해탈을 이루고자 하는 마음이나 남을 위해 봉사하려는 마음 등 긍정적인 소망까지 포함하는 것은 아니다. 이기적인 자아의 욕망, 즉 자신의 이익을 위해서 다른 사람의 자아를 해치는 따위의 부정적 욕망을 말하는 것이다.

고를 고치는 방법은 멸이다. 자아에 집착하는 마음, 자아만을 위한 욕망을 버리고 넓은 우주, 인생 전체의 조화를 위해 살 때 고통에서 벗어날 수 있다. 도道는 고통을 극복할 수 있는 구체적인 방법을 가르치는 진리로, 팔정도를 행함으로써 이루어진다.

∞ 열반에 이르는 길

팔정도八正道는 고통 그 자체인 인생을 치료하는 여덟 가지 과정이다. 자신의 노력과 훈련으로 여덟 가지의 바른 길을 행하면 해탈Moksa을 얻고 열반에 들어갈 수 있다.

첫 번째는 정견正見으로 올바른 견해를 가져야 한다는 것이다. 두 번째는 정사正思다. 뜻을 바로 가져야 한다는 뜻이다. 나만을 위한 욕망을 극복하고 다른 이의 행복을 위하는 마음에 열중해 바른 뜻을 가져야 한다. 세 번째는 정언正言으로 말을 바르게 하는 것이다. 거짓말하지 않고 진리를 말하며, 인정 깊고 자비로운 말을 해야 한다. 네 번째는 정업正業이다. 올바른 행실을 해야 한다는 것이다. 이기심을 극복하고 자비심을 가져야 하며, 그러기 위해서 다섯 가지의 금지 조항(살생·도적질·거짓말·방탕·술 취함)을 지켜야 한다. 다섯 번째는 정명正命이다. 올바른 직업을 가져야 한다는 것이다. 바른 직업을 갖지 않고서는 올바른 정신생활을 할 수 없다. 속세를 떠나 수련하는 승려와 달리 직업을 갖고 생활하는 재가신도(일반 신도)는 인생을 파괴하지 않고 덕을 쌓을 수 있는 직업을 가져야 한다. 여섯 번째는 정정진正精進으로 올바른 노력을 해야 한다는 것이다. 정욕을 도려내고 악한 마음이나 남을 증오하고 의심하는 마음을 없애도록 노력해야 한다. 일곱 번째는 정념正念이다. 바른 마음가짐을 가져야 한다는 것으로, 항상 조심해 스스로 반성하고 사람이 알아야 할 것을 바로 안다면 인생의 어려운 문제를 해결할 수 있다.

마지막으로 정정正定이다. 정정은 팔정도의 마지막 단계로 정신을 집중해 마음을 가라앉히는 일이다. 정정은 특별한 종교적 수양이다. 마음을 통일하고 집중할 때 사물을 바로 보게 되어 망상과 집착, 욕망, 증오심을 제거하고 순수한 마음으로 사물을 관찰하게 된다. 그렇게 해서 사물을 제대로 이해하게 되면 우리의 지식을 초월해 사물 그 자체를 깨닫게 되고, 비로소 모든 속박에서 벗어나 해탈을 얻고 열반에 들어가 불타가 된다.

∞ 소승불교와 대승불교

소승은 '작은 탈 것'이라는 뜻으로, 아무나 열반에 이를 수 없다는 뜻을 담고 있다. 소승불교는 스스로 철저히 수행하고 깨달음을 얻어 열반에 이르고자 한다. 그래서 소승은 세상과 구별된 승려 집단이 되었다. 소승불교는 스리랑카·미얀마·태국·캄보디아에 전파되었다.

대승은 '큰 탈 것'이라는 뜻이다. 중생의 구원이 소수에 한정되어 있지 않고 일반 불교도도 열반에 이를 수 있다는 뜻이다. 대승불교에서는 부처의 은공과 은덕으로 많은 중생이 구원에 이를 수 있다고 믿

미얀마의 승려. 미얀마를 비롯한 동
남아시아에는 소승불교가 전파되었
으며 승려들은 사회적 존경을 받고
있다.

는다.[*] 이 교리는 포교를 원활하게 했고 불교 중흥을 이루었다. 대승
불교는 중국·티베트·몽골·한국·일본으로 넓게 확장되었다.

하지만 불교 전체를 대승불교[**]와 소승불교로만 구분할 수는 없

---

[*] 나무아미타불 관세음보살
불자들은 자주 "나무아미타불, 관세음보살"이라고 반복해서 기도한다. '나무'라는 말은 '저를 맡깁
니다', '저를 받아주세요'라는 뜻이다. '아미타불'은 아미타 부처를 가리키는 말로, 중생을 구원하기
위해 극락세계인 불국정토를 준비하고 있는 부처다. 나무아미타불이라는 말은 "아미타 부처님, 저
를 맡깁니다. 저를 받아주고 구원해주세요"라는 뜻이 된다. 관세음보살은 여러 보살(먼저 깨달아 사람들
을 도와주는 분) 가운데 한 분이다. 사람들의 여러 고민과 기도를 들어주고 도와주는 보살이다. 그래서
불자들은 자주 "나무아미타불 관세음보살" 또는 "나무아미타불, 나무관세음보살"이라고 읊조리며
아미타 부처와 관세음보살에 의지한다.

[**] 대승적 관점
"대승적 관점에서 내린 결정입니다" 같은 말을 자주 들을 수 있다. 개인이나 본인이 속한 집단의
이익만 챙기는 것이 아니라 보다 많은 사람, 공공의 이익을 생각한다는 것을 강조하는 말이다. '대
승적 관점'은, 개인의 구원과 해탈에 머무르는 소승불교의 한계를 돌파하고 대중과 더불어 구원의
길을 찾아가는 대승불교의 넓은 자비심을 본받아 '더 크게, 다 함께'해야 한다는 뜻을 담은 말이다.

다. 신비체험을 위주로 하는 밀의불교(밀교)도 있고, 대승불교에 밀의적 요소가 포함된 티베트불교도 독특한 전통을 이어가고 있기 때문이다. 또한 소승불교라는 말에는 대승불교에 대비해 부정적인 의미가 담기기 때문에 소승불교가 아닌 상좌부불교라고 하는 것이 적절하다는 주장도 있다.

3

자이나교와 시크교

∞ 자이나교의 발생

자이나교는 인도에 퍼져 있으며 신도는 약 370만 명이다. 석가모니와 비슷한 시대에 태어난 마하비라가 창시했다. 마하비라는 '위대한 영웅'이라는 뜻이다. 마하비라의 신분과 탄생은 동시대에 태어나 불교의 창시자가 된 고타마 싯다르타와 유사한 부분이 많다.

마하비라는 고대 인도의 귀족으로 태어나 궁전에서 자란 것으로 알려져 있다. 그의 집안은 보모가 5명이나 될 정도로 부유했다. 젖을 먹이는 유모, 목욕을 시켜주는 보모, 옷을 입혀주는 보모, 함께 놀아주는 보모, 노는 장소를 옮겨주는 보모가 각각 따로 있어서 이 무릎에서 저 무릎으로 오가며 자랄 정도였다고 한다. 부유한 환경에서 자

마스크를 쓰고 손에 빗자루를 들고 있는 자이나교 승려들. 고행과 모든 생명에 대한 존중은 자이나교의 특징이다.

랐지만 향락에 빠지지는 않았고 나중에는 감각적인 즐거움을 모두 거부했다.

  마하비라는 30세가 되었을 때 자기 재산을 가난한 이웃들에게 나누어주고 거느리고 있던 사병들도 해체했다. 속세에서 물러난 마하비라는 교외의 암자로 들어가 수행자 무리에 섞여 고행을 했다. 고행을 계속하면서 그는 극도의 고행만이 영혼을 악에서 건져내어 자유롭게 할 수 있다고 확신하게 되었으며 모든 생명에 대한 외경에 사로잡혔다. 마침내 그는 살아 있는 어떤 생명체에도 해를 끼치지 않겠다고 서원했다. 극도의 고행과 생명에 대한 외경, 이 두 가지는 지금까지도 자이나교의 주요 교리로 이어져오고 있다.

마하비라는 심지어 땅과 물, 불, 바람, 이끼, 씨앗에도 생명이 있다고 생각해 그것들에게 해를 끼치지 않으려고 노력했다. 길을 걸을 때도 행여 작은 생명체를 밟지 않을까 염려해 늘 주위를 살피며 걸었다. 마하비라의 몸에는 벌레들이 모여들어 기어 다니고 깨물었지만 그는 생명들이 다칠까 염려되어 몸을 긁지 않고 참아냈다. 물을 마실 때도 무엇이 있을지 몰라 조심스럽게 걸러서 마셨다.

자이나교 신자들은 스승의 가르침을 따라 철저하게 살생을 멀리한다. 자이나교의 승려 중에는 흰 옷을 입고 생활하는 백의파(스베탐바라)와 옷을 입지 않고 나체로 생활하는 천의파(디감바라)가 있는데, 어느 쪽이든 스승이 그랬던 것처럼 길을 걸을 때 자기도 모르게 곤충을 죽이지 않으려고 빗자루로 쓸며 다니고, 공기 중에 있는 곤충을 마시는 일을 피하려고 마스크를 쓰고 다니기도 한다. 이런 자이나교의 생명 존중 사상은 마하트마 간디와 알베르트 슈바이처에게 큰 감명을 주었다.

일평생을 명상과 탁발로 수행하며 살았던 마하비라는 70세를 넘어서자 스스로 식음을 끊고 삶과 늙음과 죽음의 사슬에서 벗어나 해탈했다. 전하는 이야기에 따르면 마하비라는 72세가 되던 해 어느 날, 여느 때와 같이 깊은 명상에 들었다가 무릎을 올리고 머리를 낮춘 웅크린 자세로 세상을 떠나 열반에 들었다고 한다. 마하비라는 모든 욕망과 죄악, 그리고 육신의 욕구를 완벽하게 정복한 지나Jina(정복자)가 되었고 그의 제자들은 자인Jains이라고 불리게 되었다.

∞ 자이나교의 가르침

자이나교도 다른 인도 종교와 같이 사람의 운명은 업의 법칙에 따라 결정된다고 믿는다. 자이나교에서는 사람의 모든 행위가 영혼의 저장고에 차곡차곡 쌓인다고 한다. 그런데 사람은 이미 전생부터 이어온 여러 겹의 업이 쌓여 있어서 덕지덕지 때가 낀 것처럼 영혼에 다섯 겹의 업이 쌓여있다. 이것은 수행으로 하나하나 벗겨내야 한다.

물질에 대한 욕망이나 열정과 같은 업의 물질이 많이 쌓인 영혼은 그 업의 무게에 짓눌려 점점 아래로 내려가 마침내 지옥에 떨어지게 된다. 하지만 수행을 통해 업을 하나하나 벗겨나가면 영혼은 점차로 가벼워져 위로 떠오르고 천상에 오르게 되며 신으로 환생할 수 있다. 그보다 위로 오르면 마침내 해탈에 이르게 된다.

자이나교의 가르침은 불교와 유사한 면이 있지만, 불교가 연기의 법칙만이 변하지 않을 뿐이라고 가르치며 불변하는 모든 실체를 부정하는 반면 자이나교는 영혼은 불멸이라고 믿는다. 그러므로 스스로 해탈해 영혼의 구원을 이루는 것이 중요하다. 신들 역시 해탈에 이르지 않는 한 불완전한 존재며 누구나 수행을 통해 해탈에 이르면 신보다 높은 차원에 이를 수 있다. 그러므로 자이나교에서 가장 중요한 실천 의무는 수행이다. 자이나교의 수행자는 다음과 같이 다섯 가지 서약을 한다.

• 어떤 생물도 죽이지 않겠다.

- 사악한 거짓말을 하지 않겠다.

- 주어진 것 외에는 아무것도 취하지 않겠다.

- 모든 성적 쾌락을 금하겠다.

- 어떤 사물에도 집착하지 않겠다.

하지만 이 서약을 지키는 것은 너무나 어렵다. 수행자가 아닌 일반 신자들에게는 보다 관대한 생활 규범이 주어진다.

- 고의로 살생하지 않는다.

- 거짓말하지 않는다.

- 도둑질하지 않는다.

- 남편과 아내에게 충실하며 깨끗한 생각과 말을 한다.

- 재산을 필요 이상으로 소유하지 않는다.

- 불필요한 여행을 삼간다.

- 일상 용품의 수를 제한한다.

- 막을 수 있는 죄악은 피한다.

- 정해진 명상 시간을 지킨다.

- 금욕하는 기간을 정해 준수한다.

- 가끔 수행자로서의 기간을 갖는다.

- 수행자와 가난한 이웃을 위해 보시한다.

자이나교는 금욕적인 삶을 지향한다. 하지만 자이나교인은 대부분

벌레를 죽이지 않으려고 농사를 꺼리고 상업에 종사하는데, 정직한 상인으로 인정받아 인도에서 비교적 부유한 계층을 이루고 있다.

∞ 시크교의 발생

시크교는 16세기 인도의 펀자브 지방에서 생겨난 종교다. '시크'는 제자라는 뜻이다. 창시자인 나나크의 제자로 살아가는 신도가 인도의 펀자브 지방에 약 2,300만 명 정도 있고 캐나다에도 시크교도들이 살고 있다.

구루(스승, 존경하는 사람) 나나크는 힌두교인과 무슬림이 서로 싸우는 것을 안타깝게 여겼다. 나나크는 분열된 세상을 구제하라는 신의 계시를 받아 두 종교를 통합하고 조화시켜 시크교를 창시했다. 이슬람교는 8세기 인도에 들어왔다. 11세기에는 인도 전역으로 확산되었고 특히 북서부 지방은 거의 이슬람에 장악되었다. 자연히 힌두교와 마찰이 생길 수밖에 없었다.

나나크는 1469년 지금의 파키스탄 지역에서 태어났다. 그의 부모는 크샤트리아 계급에 속한 힌두교인이었다. 어려서부터 명상과 사색을 즐기며 종교적 성향을 보였던 그는 천부적인 시인이었고 두 아이의 아버지기도 했다. 어느 날 강에서 목욕하던 나나크는 홀연히 숲으로 사라졌다. 사흘이 지나 숲에서 나온 나나크는 하루 종일 아무 말도 하지 않다가 다음 날 이렇게 말했다. "힌두교도라는 것도 무슬

구루 나나크는 힌두교와 이슬람교의
융합을 꾀하며 시크교를 창시했다.
그는 신의 이름을 명상함으로써 윤회
에서 벗어날 수 있다고 했다. 나나크
의 가르침은 찬가를 통해 전해진다.

림이라는 것도 없다."

전하는 이야기에 따르면, 나나크는 그때 숲에서 신을 만났다고 한
다. 신은 나나크에게 감로주를 따라주면서 말했다. "내가 너와 함께
하겠다. 내가 지금까지 너를 돌보아주었듯이 모든 사람을 돌보아주
겠다. 세상에 오염되지 말고 늘 내 이름을 되뇌어라. 그리고 다른 사
람들도 그렇게 하도록 하라."

나나크는 1538년 10월 사망했는데 힌두교인과 무슬림이 함께 슬
퍼했다고 한다.

∞ 시크교의 가르침

나나크는 신은 힌두교에서 말하는 것처럼 여러 형태로 나타나지만 궁극적으로는 이슬람교의 유일신처럼 하나라고 가르쳤다. 시크교의 궁극신은 인격을 가진 존재로 '진실한 이름'이라고 부른다. 또한 신은 모든 생명체의 운명을 예정해놓았는데 인간은 만물의 영장으로 하등 생물의 봉사를 받도록 정해졌기에 다른 동물의 고기를 먹어도 된다고 가르쳤다.

나나크는 힌두교의 주요 교리인 업과 윤회 사상을 긍정했지만 사람이 윤회의 쳇바퀴에서 벗어나지 못하는 것은 궁극신과 떨어져 살기 때문이라고 생각했다. 궁극신만을 생각하고 그 이름을 끝없이 되뇌면 신과 합일을 이루어 구원에 이를 수 있다고 했다. 하지만 시크교에서 말하는 구원이란 최후의 심판을 거쳐 천국이나 극락에 가는 것이 아니라 신과 하나가 되는 것이다.

나나크는 형식과 제사를 싫어했다. 신과 하나가 되기 위해 애쓰고 실천하기보다 형식적 제사나 기도를 통해 구원을 받겠다는 생각은 타락한 것이라고 비판했다. 힌두교의 여러 복잡한 의식이나 극단적 고행, 이슬람교의 형식적인 기도 행위는 오히려 인간을 신에게서 멀어지게 하는 것이므로 불필요한 것이라고 했다. 그의 가르침을 직접 들어보자.

"누더기 옷이나 요기(요가 수행자)의 지팡이, 또는 온몸에 칠한 재로 종교가 이루어지는 것은 아니다. 삭발을 하거나 나팔을 분다고 종교

암리차르의 황금사원(하르만디르 샤히브). 암리차르를 비롯한 펀자브 지역에는 많은 시크교도가 살고 있다. 인도가 영국의 식민지였던 1919년 영국 군대가 식민 통치에 반대하는 시위대에 총격을 가해 수많은 사상자가 발생한 암리차르 대학살이 일어났다. 이 사건으로 마하트마 간디는 불복종 운동을 시작했다. 인도가 독립한 후에도 시크 과격파와 인도 정부 간의 갈등은 계속되었다. 이 갈등은 1984년 인도 군대가 황금사원을 급습하고, 시크교도가 인디라 간디 총리를 암살하면서 절정에 달했다.

가 이루어지는 것도 아니다. 무덤이나 화장터를 돌아다닌다고 종교가 이루어지는 것도 아니다. 순례지에서 목욕을 한다고 종교가 이루어지는 것도 아니다."

"자비심을 너의 모스크로 삼고, 신앙을 너의 기도로 삼고, 정직을 너의 『꾸란』으로 삼고, 겸손을 너의 율법으로 삼으며, 경건을 너의 금식으로 삼아라. 그리하면 주께서 너를 보호해주시리라."

　나나크는 종교란 현실을 포기하고 저세상으로 도피하는 것이 아니라고 가르쳤다. 정신 못지않게 우리의 몸도 창조와 생명의 신비가 담겨 있는 신의 거룩한 선물이다. 그러므로 시크교도는 사회적 책임을 다해야 하며 사회 구제에도 힘을 기울여야 한다. 나나크는 이슬람교와 힌두교의 가르침을 모두 존중했지만 카스트제도는 비판했다. 그래서 카스트제도에 메이지 말고 모든 사람과 형제가 되어야 한다고 가르쳤다.

5

동아시아 종교

1

유교와 도교

∞ 고대 중국의 세계관

아주 오랜 옛날 이 세상이 어둡고 모든 것이 혼돈 상태일 때 반고
라는 존재가 홀로 살았다. 반고는 매일 키가 3미터씩 자랐다. 1만
8,000년에 걸쳐 가벼운 양陽이 무거운 음陰 위로 서서히 떠오르는 동
안 반고는 하늘에 해와 달과 별을 만들었다. 땅에는 골짜기를 파고
산을 쌓아놓고 자신의 몸을 나누어 세상에 온갖 아름다운 사물을 만
들었다. 반고의 머리는 동방의 태산이 되었고 그의 숨결은 바람이 되
었으며 목소리는 천둥이 되었다. 살은 들판이 되고 턱수염은 별이 되
었으며 뼈는 금속이 되었다. 반고가 흘린 땀은 비가 되어 내렸으며
반고의 몸에 달라붙어 있던 파리들은 사람이 되었다.

고대 중국인들도 그 시대 사람 대부분이 그랬듯이 땅은 평평하고 움직이지 않으며 하늘은 넓은 공간에 활처럼 펼쳐져 있다고 생각했다. 그 안에서 양과 음이라는 상대적인 에너지가 우주의 중심을 이루어 질서 있게 작동하며, 이 음양의 조화로 세상 만물이 만들어지고 유지된다는 믿음을 갖고 있었다. 그 안에는 초월적인 존재들도 있었는데 하늘의 정령인 신神은 양의 성격을, 땅의 정령인 귀鬼는 음의 성격을 갖고 있다고 믿었다.

중국인들은 오래전부터 하늘과 땅과 사람이 하나로 연결되어 있다고 생각했다. 그래서 사람이 올바른 일을 하면 하늘과 땅이 조화를 이루어 농산물이 풍성해지고 세상도 평화로워지지만 사람이 잘못을 저지르면 천재지변이 일어나거나 나라에 재앙이 발생한다고 믿었다. 특히 사람의 잘못으로 재앙이 일어났을 때는 하늘이 내려준 천자天子 즉 황제나 왕이 그 책임을 져야 했다. 이런 생각은 통치자가 백성을 통솔하는 이론으로 작용하기도 했지만 혁명을 일으키려는 사람에게는 거사의 명분을 제공해주기도 했다.

∞ 유교의 발생

유교의 창시자인 공자는 춘추시대 말기인 서기전 551년에 노나라에서 태어났다고 전해진다. 당시 중국은 100여 개의 작은 나라로 나누어져 있었다. 공자는 여러 나라를 돌아다니며 인仁의 정치로 백성

유교의 창시자 공자는 합리주의와 인본주의를 바탕으로 한 윤리를 강조했다. 유교는 종교보다 윤리학이나 정치학으로서 중요한 역할을 했다.

을 구제할 것을 역설했으나 그의 가르침에 귀를 기울이는 왕은 별로 없었다. 생애 말년에 그는 고향으로 돌아와 사학을 열고 제자를 가르치는 일에 몰두했다. 그의 사상은 그가 죽은 후에 제자들이 수집·편찬했으며, 그의 언행을 담은 『논어論語』는 유교의 대표적인 경전이 되었다.

공자는 합리주의와 철저한 인본주의를 바탕으로 윤리를 가르쳤다. 초자연적인 것에 대한 관심을 배제했으며 하늘의 일을 묻는 제자에게 "땅의 일도 모르는데 어찌 하늘의 일을 알겠는가?"라고 말하기도 했다. 이 말은 초월성과 영성에 대한 무관심을 드러내는 말이라기보다는 도덕법칙을 따르는 것이 곧 천명을 따르는 것이라는 뜻으로 해석해야 한다. 현실과 인류 도덕을 중시하는 공자의 합리적 인본주의관을 잘 나타내는 말이다.

∞ 유교의 중심 사상

유교는 공자의 가르침을 기본으로 하는 윤리 체계로 종교적인 면보다 윤리적인 측면이 강하다. 그래서 유교를 종교보다 철학이나 윤리학, 혹은 정치학으로 보아야 한다고 주장하는 학자들도 있다. 공자는 우주 질서와 사회질서의 조화를 추구했고 인仁을 최고의 이념으로 삼아 수신제가치국평천하修身齊家治國平天下의 실현을 목표로 한 인본주의자였다. 이런 공자의 가르침은 수천 년 동안 중국과 한국, 일본 등 동아시아의 정신세계뿐 아니라 정치와 삶의 모든 영역을 지배해온 정치사상의 근간이 되었다.

공자가 죽은 뒤 약 200년이 지난 후에 태어난 맹자는 공자의 뜻을 가장 잘 계승한 제자로 평가된다. 그는 공자의 가르침을 계승하면서 2개의 중요한 이론을 정립했다. 하나는 인간은 본래 선하다는 것이고 또 하나는 하늘이 인격적인 관심을 갖고 땅을 살핀다는 것이다.

맹자는 인을 실천하기 위해서는 의義가 필요하다며 인의仁義를 함께 주장했다. 그리고 위정자는 선한 본성에서 우러나오는 덕으로 통치해야 한다는 왕도론王道論을 주장했다. 맹자에 이르러 유교는 더욱 정교하게 다듬어졌으며 정치론도 구체적으로 정비되었다.

그러나 맹자의 주장은 그가 죽은 뒤 얼마 안 되어 태어난 순자의 도전을 받았다. 도가사상과 법가사상 등 폭넓은 사상을 섭렵한 순자는 인간의 본성은 악하다고 주장하며 선한 것은 인위적인 노력의 결과라고 해서 예와 의식을 강조했다. 맹자와 달리 순자는 하늘에 관한 태도에서도 비인격적이고 자연주의적인 도道 개념을 주장한 도가 쪽으로 기울었다. 순자에게 하늘은 인간에게 길흉화복을 내려주고 천재지변을 주재하는 인격적인 하늘이 아니었다. 순자는 신령의 존재도 거부했다. 사람들이 믿는 신이나 귀신은 물론 조상의 영혼도 존재하지 않는 것으로 보았다. 또한 우주가 완성을 향해 꾸준히 진화하고 있으며 정의의 편에 서 있다는 사실을 명상과 성찰로 알 수 있다고 주장하기도 했다.

∞ 도교와 도가

일반적으로 도교道敎는 황제와 노자를 교조로 삼는 종교로 노자와 장자를 중심으로 하는 사상으로서의 도가道家와는 구별된다. 도교는 후한시대에 패국의 풍읍에서 태어난 장도릉이 세웠다고 전해진다. 그러나 도교가 일반 민중뿐만 아니라 상류 지식층에게도 널리 전파되자 체계적인 교리와 합리적인 학설이 필요하게 되었다.

이와 같은 필요에 따라 도교가 하나의 종교로서 이론 체계를 갖추

홍콩 최대의 도교 사원인 웡타이신사원. 노자와 황제를 교조로 삼는 도교는 중국의 토착 종교 가운데 하나다. 웡타이신은 건강을 상징하는 인물로, 그를 기리기 위해 건립된 이 사원에는 건강과 사업의 번성을 기원하는 사람들의 발길이 끊이지 않는다.

기 시작한 것은 3~4세기 무렵 위백양과 갈홍이 학술적인 기초를 제공하면서부터였다. 그리고 구겸지가 불교의 자극을 받아 의례를 대폭 강화하고 도교를 천사도天師道로 개칭함으로써 교리와 조직이 정비되었다.

　도교에서 받드는 신은 매우 많을 뿐 아니라 시대에 따라 새로 생기기도 하고 없어지기도 했다. 그러나 일반적으로 가장 널리 숭배받는 신은 원시천존 또는 옥황상제다. 도교의 경전을 도장道藏이라고 하는데 특정한 날 특정 시간에 목욕재계하면 치아가 튼튼해진다든지 명

경이나 호부를 차고 다니면 요괴를 피할 수 있다는 등 현실적인 가르침이 많다. 또한 늙지 않고 오래 살 수 있는 여러 가지 방법을 제시하고 실천하기도 한다. 황금이나 수은, 약물을 복용하거나 몸에 주입한다든지 음기를 취해서 양기를 충만하게 하는 방중술房中術 등이 발달했다.

도교에서는 이러한 수련을 쌓아 도를 깊이 깨달은 자는 하늘로 올라가 천선天仙이 되고 어느 정도 깨달음에 이른 자는 지선地仙이 되지만 그렇지 못한 자는 혼백이 육체에서 분리되어 시선尸仙이 된다고 한다. 그러나 덕을 쌓고 선을 행하며 계율을 지켜야 진선眞仙이 된다고 도덕적 측면을 강조한다.

∞ 도가의 중심 사상

도교가 종교적인 특징이 강한 반면에 도가 사상은 철학적이며 직관적이다. 도가는 노자에게서 시작된 것으로 알려져 있다. 하지만 노자가 실제 인물이었는지는 학자들 사이에서도 논란일 만큼 분명하지 않다. 노자에 대해 알려진 것도 거의 없다. 노자가 실존했다면 공자와 비슷한 서기전 6세기에 살았을 것이다. 노자의 사상은 서기전 4세기경 그의 제자인 장자가 체계화했다.

도가에서는 도에 대해 명상하지만 도를 경배하지는 않는다. 도道가 인간을 동정한다거나 길흉화복을 주는 일도 없다. 도라는 것은 우주

의 활동 양식일 뿐이기 때문이다. 그러나 도가가 철학적인 측면이 강하다 해서 종교적인 특성이 전혀 없는 것은 아니다. 도는 운명을 결정하며 덕으로 존재한다고 말할 수도 있고, 도가 수련의 중심인 '도와의 합일'은 일종의 종교적 신비주의라고 말할 수 있기 때문이다.

도가 사상의 핵심 경전은 『도덕경』이다. 이 책의 저자는 노자로 알려져 있지만 후대에 삽입되고 편집된 흔적이 발견되어 한 사람의 작품이라고 할 수는 없다. 그러나 우리가 지금 읽는 『도덕경』으로 완성된 때는 서기전 4세기가 확실해 보인다.

그렇다면 도가 사상의 핵심 개념인 도는 무엇인가? 그것은 말로 간단히 설명하기 어렵다. 『도덕경』의 첫 문장은 말로 설명할 수 있는 도는 도가 아니라고 선언한다. 하지만 존재하는 모든 것이 도에서 생겨났으며 그것을 활성화하는 것도 도다. 『도덕경』은 도에 대해 이렇게 설명한다.

"온갖 사물은 도로 말미암아 생기고……도는 만물을 낳고도 제 것으로 차지하지 않고, 모든 것을 이루어지게 하고도 자랑하지 않고, 자라게 하고도 간섭하지 않는다."

『도덕경』은 학자나 종교인뿐 아니라 정치인에게도 세상을 바로 다스리기 위한 교과서로 인정받아왔다. 사람이 행복하게 살고 정치를 바로 하려면 인위적으로 간섭하지 않고 자연스럽게 도의 흐름에 따라야 한다. 그러므로 인생이나 우주에 가장 좋은 상태는 자연의 질서를 따라 사는 무위자연無爲自然으로 귀착된다.

『도덕경』의 이런 가르침은 동양철학에 압도적인 영향을 끼쳤으며 헤겔, 하이데거, 톨스토이 등 서양의 철학자와 문학가들에게도 큰 영향을 끼쳤다.

2

일본의 신도

∞ 정령과 신의 길

신도神道라는 말은 '고등 정령이나 신의 길'이라는 뜻이다. 과거 일본인들은 자연 전체가 가미神(신)로 가득 차 있다고 생각했다. 하늘 높은 곳에는 신이 있고, 땅 위의 산·호수·나무 속에는 정령이, 바닷속과 땅 밑에도 여러 힘이 존재하는 등 세상 구석구석에 가미가 존재한다고 본 것이다. 일본인들은 이순신 장군처럼 전쟁을 승리로 이끈 위대한 역사적 인물을 신으로 섬기기도 한다. 일본인은 800만 명에 이르는 많은 신과 함께 살아왔다.

일본은 국토의 70퍼센트가 산과 삼림이며 환경이 그리 좋은 편이 아니어서 자연재해가 그치지 않는다. 태풍과 해일, 지진 피해가 해마다 일어난다. 일본인은 고대부터 자연에 대한 신비감과 공포감에 젖어 살아왔으며 수목과 함께 생활해왔기에 산과 들, 나무와 동식물에서 신을 발견한 것은 자연스러운 일이었다.

일본의 토착 종교인 신도는 원래 교리 체계가 없었다. 신도의 교리 체계가 만들어진 것은 제2차 세계대전 전이다. 신도의 기본 성격은 삶을 영위하는 동안 세속을 초월한 존재들과 경건한 동맹 관계를 맺는 것이다. 신도를 믿는 일본인은 자연뿐 아니라 사회와 가정 등 어디에서나 그런 초월적 존재들을 만날 수 있다고 한다.

∞ 일본은 '신의 땅'

일본의 토착 신화를 담은 『고사기』는 일본의 여러 섬이 어떻게 창조되었는지 설명한다. 태초에 하늘과 땅은 갈라지지 않은 상태로 있었으나 때가 되자 하늘과 땅이 분리되면서 여러 신이 나타났다.

처음에 나타난 신들은 곧 사라졌지만 마침내 지금의 일본을 이루는 섬들과 그곳에 살 백성을 만든 중요한 두 신이 나타났다. 바로 남신 이자나기와 여신 이자나미다. 이자나기와 이자나미는 반대 방향으로 돌다가 마주쳐 음양을 합해 부부가 되었다. 이자나미는 곧 잉태해 일본의 여러 섬과 서른다섯 신을 낳았는데, 막내인 불의 신 가구쓰치를 낳다가 불에 데어 죽고 말았다.

아마테라스(천조대신)는 해의 여신으로 일본의 가장 위대한 신으로

추앙받는 만큼 그의 탄생 신화가 자세히 전해진다. 가구쓰치를 낳다가 죽은 이자나미는 지하 세계인 황천으로 내려갔다. 아내를 잊지 못한 이자나기가 이자나미를 지상 세계로 데려오려고 황천을 찾아갔다. 하지만 이자나기는 벌레가 우글거리고 고름이 흐르는 아내의 모습을 보고 혼비백산해 뭍으로 도망쳐 나왔다. 이자나기는 저승에 갔던 일을 후회하며 더러워진 몸을 씻으려고 물속으로 뛰어들었다. 물속에서 이자나기는 왼쪽 눈을 닦았다. 바닷물에 눈이 시렸는지 흐르는 눈물을 닦아내려고 했던 것인지는 아무도 모른다. 중요한 것은 그

순간 이자나기의 눈에서 아마테라스가 튀어나왔다는 것이다. 이자나기는 오른쪽 눈도 씻었다. 달의 신, 폭풍의 신이 만들어졌다.

해의 여신 아마테라스는 하늘에서 세상을 살펴보다 일본의 섬들이 혼란스러운 것을 보고 손자인 니니기를 불러 이렇게 말했다. "신선한 쌀 이삭으로 가득 찬 이 빛나는 갈대의 평평한 땅이 네가 다스릴 곳이 될 것이다." 이렇게 해서 일본은 하늘의 신이 다스리는 거룩한 땅이 되었다. 일본의 첫 번째 황제인 진무천황은 니니기의 증손자라고 하며 일본 사람들은 자기 나라를 '신의 땅'이라고 불렀다.

∞ 국가 종교로 발돋움한 신도

신도는 선사시대에 조상숭배와 자연숭배로 출발해 근대까지 민족 자긍심을 심어주는 소박한 종교에 머물렀다. 그러나 메이지유신을 거치면서 19세기 말에 국가 종교로 발전했다. 천황의 가계가 해의 여신에게서 내려왔다는 신화도 이때 등장했다. 고관들은 해의 여신과 밀접한 신에게 혈통이 이어져 있다고 주장했고, 평민도 해의 여신과 관계가 멀지만 역시 신의 자손이라고 믿게 되었다. 이렇게 신도 안에서 모든 일본인은 신성한 가족 관계를 통해 천황과 유기적으로 연결되었다. 신도는 일본의 정신세계를 하나로 통합하는 이념으로 재정립되었고 일본 제국주의 시대에 큰 힘을 발휘했다.

현재 일본에서 신도 신자라고 말하는 사람은 전체 인구의 3~4퍼센트인 400만 명에 불과하다. 신도의 종교적 영향력이 작아지는 반면, 하나의 문화로서 신도의 영향력은 여전하다. 정치인들은 과거 일본의 영화를 되살리기 위해 신도를 이용하고 있다. 신도는 지금도 일본인들의 정신과 문화의 중심을 이루고 있다.

3

한국의 민간신앙과 신흥종교

∞ 한국의 전통 신앙

지금도 시골에 가면 커다란 나무에 색색의 띠가 매달려 있는 것을 가끔 볼 수 있다. 커다란 나무를 깎아 사람 모양으로 만들어 세운 장승도 눈에 띈다. 각 지방에서 흔히 볼 수 있는 이런 것들이 바로 우리나라 민간신앙의 유물이다.

장승은 마을이나 길가에 세운 사람 모양의 기둥이다. 돌이나 나무로 만들고 보통 남녀 한 쌍으로 되어 있으며 '천하대장군天下大將軍', '지하여장군地下女將軍' 등의 글이 새겨져 있다. 장승은 마을과 마을을 구분해주는 표시가 되기도 하고, 가야 할 방향을 알려주는 이정표 역할도 하지만 본래 역할은 마을의 수호신이다.

서낭당은 토지와 마을을 지켜주는 서낭신을 모신 사당이다. 주로 마을 어귀나 고개, 산허리 등에 있으며 예전에는 돌무더기 형태가 많았다. 남아 있는 서낭당은 오래된 나무와 당집이 함께 있는 형태가 많다

농촌에서는 해가 바뀔 때 새해의 풍년을 바라는 마음으로 볍씨를 주머니에 넣어 장대에 높이 달아매기도 했다. 이것을 솟대라고 하는데, 정월 보름날이 되면 솟대를 넓은 마당에 세워두고 마을 사람들이 모여 농악을 벌였다. 이렇게 하면 풍년이 든다고 믿었다. 때로는 장승 옆에 장대를 세우고 장대 끝에 나무로 깎아 만든 새를 매달기도 했다. 또한 과거에 급제한 사람을 축하하기 위해 마을 입구에 주홍색을 칠한 장대를 세우고, 끝에 청색 용을 만들어 붙여두기도 했다.

서낭당은 서낭신에게 제사를 드리는 단이다. 서낭신은 땅을 좋게 해 풍년이 들게 하는 마을의 수호신이라 농경 사회였던 우리나라에서는 매우 중요하게 여겼다. 서낭당은 보통 고갯마루나 큰길가, 마을

입구, 사찰 입구 등에 세워져 있는데 작은 돌을 무더기로 쌓아놓고 가까이에는 나무가 있다. 이 나무의 가지에는 아이들이 병들지 않고 오래 살도록 헝겊 조각을 걸어놓기도 하고, 상인은 돈을 많이 벌기를 바라며 볏짚을 걸어놓기도 하고, 신랑 신부가 새집으로 옮길 때 행복하게 잘 살 수 있도록 신부의 옷을 찢어 걸어놓기도 했다. 서낭당 근처를 지나가는 사람은 안전한 여행을 빌며 돌을 단 위에 던지거나 침을 뱉기도 하는데 이것은 길거리를 돌아다니는 악령의 해를 피하려는 것이다. 이때 소원을 빌기도 한다. 하지만 지금은 그 자취만 조금 남아 있고 서낭당에 관심을 기울이는 사람은 그리 많지 않다.

∞ 무속 신앙은 종교인가?

우리나라의 민간신앙은 무당(샤먼)을 중심으로 이루어지는 무속 신앙Shamanism이 주를 이룬다. 무속 신앙은 우리나라에서 시작된 것은 아니다. 시베리아 지방에서 시작된 원시종교가 우리나라에 뿌리를 내린 것이다. 무속 신앙은 옛날부터 세계 곳곳에서 전해져오는 원시 신앙의 한 형태였다. 사람과 신을 연결해주는 무당이 신의 힘을 빌려 병을 고치거나 원한을 풀어주기도 하고, 낮은 귀신을 내쫓기도 한다. 때로는 점을 치거나 예언을 하기도 한다.

이런 무속 신앙은 올바른 종교가 아니라고 생각하는 사람도 많다. 귀신을 부르거나 점을 치고, 앞날을 예언하는 일은 현대사회에서 과학적으로 받아들일 수 없는 행위라는 것이다. 또한 사람은 누구나 스스로 생각하고 판단해 자기 인생에 책임을 지고 살아야 하는데, 무속 신앙은 원숙한 삶을 살아가지 못하도록 방해한다는 것이다.

하지만 반론도 있다. 고등종교의 탈을 쓰고 있지만 혹세무민하는 종교가 얼마나 많은가? 사회 갈등을 조장하고 심지어 신자를 전쟁으로 내모는 종교 조직도 어엿이 종교라는 이름으로 군림하는데 우리의 민속 종교를 하대할 이유가 없다고 주장하는 학자도 많다. 이들은 무속巫俗이라는 말이 우리 전통 종교를 하대하는 표현이므로 무교巫敎라고 해야 한다고 주장한다.

∞ 어지러운 세상에서 탄생한 천도교

천도교는 수운 최제우가 창시했다. 1824년에 태어난 수운의 어릴 때 이름은 복술이었으나 어른이 되어 제선으로, 후에 제우로 개명했다. 제우濟愚는 어리석은 세상을 구제한다는 뜻이다. 양반의 자제였으나 서자로 태어났으며 6세에 어머니, 16세에 아버지를 여의었다.

제국주의로 무장한 서구 열강들이 몰려들고 안으로는 부패한 왕조 말기 현상이 극에 달한 혼란한 사회에서 수운은 유교·불교·도교 교리를 폭넓게 공부했으나 기성종교로는 세상을 구제할 수 없다고 생각해 세상과 사람을 구할 진리를 찾아 천하를 두루 돌아다니며 도를 닦기 시작했다. 1855년 수운은 울산에 거처를 마련하고 본격적인 수

련 생활을 시작했다. 마침내 37세가 되던 1860년 4월 5일, 한울님의 계시로 하늘의 편지를 받아 대각大覺(크게 깨우침)을 이루었다. 수운은 1861년부터 자신이 깨달은 도를 동학이라 부르며 사람들을 가르치기 시작했다. 그러나 당시 배척을 받던 서학과 동일하게 취급되어 관청에서 심한 감시와 탄압을 받았으며 1864년 3월 10일 참수형을 당했다.

1863년 수운에게 종통을 이어받은 최시형은 탄압을 피해 숨어 지내며 교세를 확장해 동학을 크게 번성시켰으나 그 역시 1898년 교수형으로 생을 마감했다. 그 후 종통을 이어받은 손병희는 1905년 동학을 천도교로 개명하고 교단 제도를 개혁했으며, 1919년에는 3·1운동의 중심 세력으로 활약했다.

∞ 사람이 곧 하늘이다

천도교의 사상은 인내천으로 집약된다. 인내천人乃天이란 사람이 곧 하늘이라는 뜻으로, 사람은 누구나 자기 안에 한울님을 모시고 있으며 이것을 깨달으면 한울님이 될 수 있다는 사상이다.

천도교는 한울이 스스로를 표현한 것이 만물인데 그 안에 사람도 있으므로 신의 본성과 만물의 본성, 사람의 본성은 결국 일치한다고 가르친다. 신성과 인성은 서로 다르지 않기에 사람이 곧 하늘이 된다. 물론 현실의 인간은 불완전하며, 인간이 곧 신은 아니다. 그러나 각자의 성품 속에 한울님을 모시고 있으므로 이 한울님을 스스로 발견하고 깨침으로써 자기 자신이 한울님이 될 수 있다는 것이다. 우리 인간은 한울님을 모시고(시천), 한울님을 기르고(양천), 한울님의 경지에 스스로 도달해 한울님과 같은 능력을 갖도록(제천) 노력해야 한다는 것이 천도교의 가르침이다.

∞ 민족종교 대종교

대종교는 대표적인 단군계 민족종교로서 1909년 홍암 나철이 창립했다. 홍암은 천도교 창시자 수운이 세상을 떠난 1864년 전라남도 보성군에서 태어났다. 34세에 일본으로 건너간 홍암은 한반도를 둘러싸고 강대국 사이에서 벌어지는 야욕과 급변하는 국제 정세를 꿰뚫어 보았다.

홍암은 4차례에 걸쳐 일본을 오가며 일본 정부와 국회에 일본의 침략 정책을 비난하는 글을 수차례 보냈다. 1908년에는 김인식 등과 함께 을사조약을 맺은 대신들을 암살하려 했으나 뜻을 이루지 못하

나철(뒷줄 왼쪽)은 을사조약이 체결되자 조약에 협조한 대신들의 암살을 기도했다. 그러나 거사는 실패로 돌아가고, 나철은 단군을 중심으로 민족정기를 세우기 위해 대종교를 창건했다. 대종교는 종교로 출발했지만 일제강점기라는 시대적 분위기 탓에 항일 독립운동에 더 큰 공연을 했다. 사진은 을사오적 암살을 앞두고 나철과 뜻을 같이 한 동지들이다.

고 이듬해 대일 항전의 의지를 다지며 대종교를 창시했다.

조국과 신앙을 하나로 삼은 대종교는 1918년에 33인이 서명한 「대한독립선언서」를 발표하고 청년 교인들로 조직한 독립군을 편성해 항일운동을 전개했다. 이시형 등은 신흥무관학교를 설립해 본격적으로 독립군을 길러내기 시작했다. 「대한독립선언서」는 그 뒤에 잇달아 일어난 1919년 2·8독립선언과 3·1독립선언의 기폭제가 되었다. 그해 창설된 독립운동 단체인 북로군정서*는 우리나라 독립운동사에 금자탑을 세웠다. 북로군정서 산하의 독립군은 창립한 지 1년만에 정규 독립군 1,500여 명을 거느린 대군으로 성장해 청산리 전투를 벌였다. 1920년 가을 김좌진, 이범석 등이 이끄는 독립군은 일본군 3개 여단 3,000명을 섬멸하는 대전과를 거두었다.

∞ 단군 정신으로 세상을 이롭게 한다

대종교의 중심 사상은 단군 정신인 홍익인간 이화세계弘益人間理化世界 이념에 따라 민족정신을 드높이고 세상을 평화롭게 하는 데 있다. 대종교는 우리 민족의 뿌리 종교로 우리의 역사·문화·풍습·철학과

---

* 북로군정서(北路軍政署)
1919년 중국의 지린성에서 조직된 독립운동 단체로 군과 정부의 기능을 함께 담당했다. 체코슬로바키아에서 무기를 구입해 전투 장비를 갖추었고 총재에 서일, 총사령관에 김좌진, 참모장에 이장녕, 연성대장에 이범석 등을 임명하고 사관 양성소를 설립해 군사훈련을 실시했다. 민족 교육에도 힘을 기울여 소학교, 야학, 강습소 등을 세워 애국 청년을 양성했다.

윤리 등을 총체적으로 아우른다. 또한 철저한 나라 사랑 종교로, 항일 독립 투쟁의 핵심으로 활동하기도 했다. 한편으로는 홍익인간 이화 세계를 구현해 전 인류의 종교를 지향한다.

∞ 갈등 없는 세상을 꿈꾸는 원불교

원불교는 소태산 박중빈이 창시했다. 1891년 전라남도 영광에서 태어난 그는 어려서부터 우주 만물과 인간 만사에 의문을 품고 그 의문을 해결하기 위해 구도 생활을 하다가 26세가 되던 1916년 대각을 이루었다.

깨달음을 이룬 소태산은 "물질이 개벽되니 정신을 개벽하자"라는 표어 아래 불교의 가르침을 기초로 '진리적 종교의 신앙'과 '사실적 도덕의 훈련'을 기치로 내걸고 고통과 괴로움으로 얼룩진 중생을 새로운 세상으로 인도하기 시작했다. 그는 제자 9명을 모아 저축조합을 설립하고 바다를 막아 논을 만들었으며, 1924년에 본부를 전라북도 익산에 세웠다. 불법연구회라는 간판을 걸고 본격적인 종교 활동을 시작했다. 모여드는 제자들과 함께 낮에는 황무지를 개간하고 밤에는 종교 이념에 바탕을 둔 정신 훈련을 했다. 1943년에는 가르침을 집대성해 원불교의 기본 경전인 『불교경전』을 완성하고 그해 6월 1일 53세를 일기로 세상을 떠났다.

'원불교'라는 교명은 소태산의 뒤를 이어 종법사가 된 정산 송규가

원불교를 창시한 소태산 박중빈. 소
태산은 정신의 개벽을 중요하게 여기
며, 교화·교육·자선 사업에 큰 의미
를 두었다.

만들었다. 정산은 일제의 침략 전쟁에 끌려갔다 해방을 맞아 고국으
로 돌아온 동포들에게 음식과 옷을 주고 거처할 곳을 마련해주었다.
부모 잃은 고아들을 수용하고 양육했으며 병든 사람을 치료하고 돌
봐주는 일에도 힘을 기울였다.

현재 원불교는 많은 교육기관과 산업기관, 문화시설을 운영하고 있
으며, 원불교 교당과 기관은 한국뿐 아니라 미국, 일본, 캐나다, 독일
등에도 세워지고 있다. 2015년 통계청 자료에 따르면 원불교의 신자
수는 8만 명 이상으로 우리나라에서 개신교와 불교, 가톨릭에 이어
네 번째로 신도가 많은 종교다.

∞ 모두가 하나다

원불교는 불교의 한 분파가 아니라 새로운 종교다. 원불교의 근본 사상과 이념은 불교와 크게 다르지 않으나 핵심은 모든 실체와 사상을 하나로 품는 일원상—圓相이다. 종교와 현실 생활을 둘로 나누지 않고 생활 속에서 종교를 신앙하고 수행하도록 가르친다.

소태산은 모든 성자가 깨달은 우주의 진리는 본래 하나고 목적 또한 인류의 평화와 낙원 건설이라고 보았다. 다만 진리 표현과 낙원에 이르는 방법에 차이가 있을 뿐이며 그 가운데 불법의 진리가 가장 크고 원만하다고 생각해 불교에 뿌리를 두고 불법을 중심으로 삼은 것이다.

원불교의 두드러진 활동은 종교 간 대화를 통해 서로 돕고 협력하자는 종교 협력 운동이다. 이 운동의 이념은 기본 교리인 법신불 일원상의 진리로 귀결된다. 이 일원의 자리는 만법의 근원이요 만유의

경상북도 성주의 원불교 성지. 2016년 정부가 북한 핵미사일을 견제한다며 사드(THAAD, 고고도미사일 방어체계) 배치 후보지로 성주를 지명했을 때 원불교는 대거 반대 운동에 나섰다. 성주는 원불교 제2대 종법사인 정산 송규의 탄생지로, 전쟁을 반대하고 그 상처를 치유하는 데 누구보다 앞장섰던 정산 종법사의 뜻을 지키기 위해서였다.

본래 자리기에 이 자리에서 보면 자타가 따로 없고, 내 나라 네 나라도 없으며, 내 민족 네 민족도 없고, 내 종교 네 종교도 따로 없다. 모두가 한 근원에서 나온 하나의 존재요 서로 나눌 수 없는 불가분의 관계기 때문이다. 모든 인류, 더 나아가 모든 존재는 나와 관계되어 있고 은혜로운 존재이며, 따라서 서로 돕고 협력하지 않으면 안 된다.

이 같은 일원의 진리는 삼동윤리三同倫理로 나타난다. 삼동윤리는 인간이 반드시 알고 실천해야 할 윤리의 기본으로 동원도리同源道理, 동기연계同氣連契, 동척사업同拓事業이다. 동원도리는 모든 종교와 교리가 같은 근원에서 나온 것이므로 대동 화합하자는 것이다. 동기연계는 모든 인종과 생명의 근본은 같으며 한 기운으로 연결된 동포이므로 대동 화합하자는 것이다. 동척사업은 이 세상의 모든 사업과 주장은 세상을 개척하는 데에 힘이 되는 것이므로 이 또한 대동 화합하자는 것이다.

원불교의 특징은 교리·사상·제도의 통합과 조화다. 교리나 사상은 불교에 뿌리를 두고 있지만 동서고금의 종교와 사상을 아우르며 의례·제도·조직에서도 이웃 종교의 요소들을 폭넓게 수용해 조화시키고 있다.

∞ 증산교와 강일순

증산교는 증산 강일순이 시작한 민족종교다. 강일순은 1871년 전

라북도 정읍에서 태어났다. 그가 태어날 때 범상치 않은 조짐이 보였
으며, 천지개벽하는 태몽도 꾸었다고 한다. 증산이 태어날 무렵 그의
부친이 비몽사몽간에 두 선녀가 하늘에서 내려와 간호를 했다는 탄
생 설화가 있다. 그 뒤 이상한 향기가 온 집 안에 가득하며 맑은 기운
이 집을 두르고 하늘에 뻗쳐서 7일간이나 계속되었다고 한다.

　증산은 자라면서 빼어난 모습으로 변해갔다. 증산의 모습은 금산
사 미륵불과 흡사했다고 하며 양미간에 불표佛表가 있었다고 한다. 아
랫입술 안에는 붉은 점이 있었는데 신자들은 이를 용이 여의주를 문
것이라고 생각했다. 등에는 북두칠성이 있었으며 발바닥에도 13개의

점이 있었다고 한다.

『대순전경』에서 증산은 원래 옥황상제였는데 지상의 신명과 불타, 보살들이 인류와 세상을 구원해줄 것을 호소하자 세상을 구원할 결심을 품고 이 땅에 내려오게 되었다고 한다. 하늘에서 내려와 세상을 둘러보고 난 후에 동방의 조선을 그의 뜻을 펼만한 장소로 정해 조선에 와서 금산사 미륵불에 의지해 있다가 인간의 몸을 받아 이 세상에 나오게 되었다고 한다. 신비 속에서 태어난 증산은 어려서부터 도에 뜻을 두고 천하를 돌아다니다가 31세 되던 1901년 전주 모악산 대원사에서 득도했다. 그때부터 그는 금산사 밑에 있는 구리골에 조그마한 방을 얻어 약방을 차리고 환자를 치료하면서 보통 사람으로는 상상할 수도 없는 수많은 기적 이행을 행하다가 1909년 세상을 떠났다고 한다.

∞ 증산교의 후천개벽

증산교 사상은 종말론적 성격이 강하다. 지금은 지구가 약 23.5도 기울어져 있으나 후천에는 바로 서게 되는데 이때 지구뿐 아니라 태양계 다른 행성도 기울어진 지축이 정남북으로 바로 서면서 엄청난 충격이 있게 되고 이 충격으로 인류의 상당수가 희생당하게 된다는 것이다. 또한 개벽병이 발생해 인류가 3년 동안 앓게 되는데 이 병으로 하루 456만 명 정도가 죽게 되어 인류 대부분이 절멸하게 된다고 한다.

참된 구원과 영생은 이런 종말의 관문을 거친 후에 가능한데 현 시대야말로 종말이 임박한 마지막 매듭 단계다. 증산교의 중요한 사명은 이런 어려운 세상을 바로잡고 인류를 구원하는 것이다. 하지만 증산교의 종말론은 그리스도교를 모방한 것으로 혹세무민한다는 이유로 비난을 받기도 한다.

증산이 세상을 떠나자 그 밑에 있던 신도들은 저마다 증산의 정통을 이어받았다고 주장하며 독립했다. 현재는 50여 개 분파가 활동하고 있다. 그중 대순진리회와 증산도는 증산교의 대표적인 분파로 한국 사회에 큰 영향을 미치고 있다. 대순진리회는 육영사업에 심혈을 기울여 대진고등학교와 대진여자고등학교, 대진대학교를 설립해 운영하고 있다.

6

종교와 종교, 그 갈등의 역사를 넘어서

1

끝나지 않은 종교전쟁

∞ 종교의 어두운 면

종교는 사람과 세계를 온갖 억압과 위험에서 해방하고 구원과 행복의 길로 인도하기 위해 존재한다. 그러나 세계 역사에서 종교전쟁은 끊임없이 이어졌다. 사람을 살리기 위해 존재하는 종교가 사람을 죽인 예는 너무나도 많다.

20세기 말 10만 명이 넘는 사망자와 200만 명 이상의 난민을 발생시켜 지구 마을을 경악하게 한 보스니아 전쟁의 배경에도 그리스도교와 이슬람교의 갈등과 상처가 있었다. 21세기로 넘어온 지금까지도 계속되는 이스라엘과 아랍권의 갈등도 지구 마을이 풀어야 할 큰 숙제다. 더 큰 문제는 그리스도교권 즉 미국과 서구 세계를 향한 이

스레브레니차 집단 학살 피해자 공동묘지. 보스니아 전쟁 중 세르비아군은 보스니아의 이슬람교도를 제거한다는 명목으로 군인과 민간인, 어린이까지 약 8,000명을 살해했다.

슬람 극단주의자들의 분노와, 그들의 아픔을 이해하지 못하는 미국과 서구 세계의 무지와 편견으로 분쟁과 테러가 해결될 기미가 보이지 않는다는 점이다. 이런 양자 간 갈등이 급기야 9 · 11 테러를 불렀고, 미국의 아프가니스탄과 이라크 침공, IS의 역공이라는 끔찍한 결과로 이어졌다.

　종교는 사람을 살리기도 하지만 죽이기도 한다. 우리가 종교를 바르게 이해하고, 종교를 가진 사람이 이웃 종교에 이해와 존경심을 가져야하는 필연적인 이유가 바로 여기에 있다. 비교종교학 창시자인 막스 뮐러는 이런 말을 했다. "하나만 아는 것은 아무것도 모르는 것이다." 내 종교만 옳고 다른 종교는 그르다는 편견을 경고한 것이다.

세상에는 늘 어두움과 밝음이 공존한다. 종교의 세계도 마찬가지다. 어두움 없이 밝고 희망찬 세계가 지속되었으면 좋겠지만 역사와 현실은 그렇지 못하다. 그러므로 우리는 어두움의 역사도 알아야 한다. 그리고 그 어두움을 극복해야 한다. 어두움을 극복하지 않고 피하려고만 한다면 그 어두움은 언젠가 다시 우리를 찾아와 우리 세계와 삶을 파괴할 것이다.

∞ 종교에 대한 서로 다른 생각

여기서 잠깐 종교의 발생과 양태에 대해 살펴보고자 한다. 신적 존재를 어떻게 인식하느냐에 따라 구분하기에 다분히 서구적 시각이라는 한계가 있고, 학자마다 견해가 조금씩 다르기도 하지만 대체로 다음과 같이 분류할 수 있다.

- 애니미즘 – 가장 원시적인 신앙 양태로 정령신앙 또는 물활론이라고도 한다. 모든 물질 안에 생령生靈이 있다고 믿는 것인데, 동물이나 식물 등 생명체뿐 아니라 돌이나 흙 등 광물에도 살아 있는 영이 있다고 믿는다.
- 토테미즘 – 특정 동물을 수호신으로 믿는 신앙이다. 단군신화에 등장하는 곰이나 호랑이도 토테미즘과 관계 있다.
- 범신론 – 모든 물체 안에 신의 분신이 깃들어 있다고 믿는 것이다. 애니미즘은 물질 자체에 각각의 생령이 있다고 믿는 반면 범신론은 신의 분신이 각각

의 물질에 들어 있다고 믿는다. 애니미즘은 개별적인데 반해 범신론은 모든 물질이 서로 연계되어 있다고 믿는다. 우리나라에서는 범신론에 대한 편견이 있어 하등종교로 격하하는 사람이 있지만 범신론은 무시할 수 없는 고차원적 신앙 양태다. 논리적인 교리와 체계를 갖추면 우주적인 종교로 발전할 가능성이 있다.

• 다신교 – 여러 신을 동시에 섬기는 것이다. 고대 그리스 · 로마의 종교가 대표적인 다신교다. 제우스, 헤라, 아폴론 등 많은 신을 동시에 섬긴다. 바다를 항해할 때는 바다의 신 포세이돈에게 제사를 지내고, 사랑할 때는 사랑의 신 에로스에게 기도한다. 아름다워지고 싶은 여자는 아프로디테에게 기도하고 도움을 구한다.

• 일신교 – 여러 신 중에서 한 신만을 섬기는 것이다. 유일신교는 "다른 신은 없다"고 생각하는데 비해 일신교는 "다른 신이 있으나 한 신만 섬긴다"는 차이가 있다. 일신교 신자는 특정한 한 신을 선택해 섬기지만 다른 사람은 얼마든지 다른 신을 섬길 수 있다고 생각한다.

• 유일신교 – 신은 오직 한 분뿐이라고 믿는 종교다. 유일신 외에 다른 신은 없고, 있다면 사람이 만든 우상에 불과하므로 유일한 참 신을 섬겨야 한다는 것이다. 유일신교의 종교관은 다른 종교와 마찰을 빚기 쉽다. 자기가 믿는 신만 참 신이고 나머지는 전부 우상이고 가짜라고 하니 이웃 종교인은 거북할 수밖에 없다. 유일신교는 조로아스터교에서 시작되었지만 오늘날 대표적인 유일신교는 유대교 · 그리스도교 · 이슬람교다. 역사적으로 이 세 종교가 있는 곳에는 항상 갈등이 따라다녔고 지금도 갈등이 계속되고 있다.

∞ 테러와의 전쟁

새뮤얼 헌팅턴 교수는 자신의 저서 『문명의 충돌』에서 "앞으로 인류를 크게 분할하는 분쟁의 지배적 원인은 문화적인 것이 될 것"이라면서 "그 중심축은 서구의 힘과 가치에 대한 비서구 문명의 대응이 될 것"이라고 말했다. 20세기가 공산주의와 자본주의로 대비되는 이념과 이념의 충돌 시대였다면, 21세기는 그리스도교 문명권과 이슬람 문명권, 유교 문명권 등으로 나뉘어 갈등할 것이라는 주장이다. 헌팅턴 교수는 특히 서구 그리스도교 문명권과 이슬람 세계의 충돌 가능성을 높게 보았다. 알카에다와 탈레반, IS 등이 활개를 치는 지금의 세계를 일찌감치 앞서 내다본 것이다.

헌팅턴 교수의 문명충돌론은 마치 예언처럼 21세기 벽두부터 세계를 뒤흔들었다. 2001년 가을 미국의 심장 뉴욕을 강타한 9·11 테러로 세계무역센터가 수천 명의 생명과 함께 순식간에 사라졌고 부시 대통령은 즉각 복수를 다짐했다. 얼굴 없는 상대방을 악의 세력으로 단정하며 신의 이름을 걸고 복수를 맹세한 것이다.

부시 대통령과 대다수 미국인은 9·11 테러를 자유세계에 가한 암흑세계의 폭력으로 해석했다. 가해자의 윤곽은 곧 드러났다. 미국은 빈 라덴과 알카에다를 보호한다는 명목으로 아프가니스탄 공습을 단행했다. 미국은 막강한 물자와 최첨단 무기를 투입해 아프가니스탄을 초토화했고 탈레반 정권도 무너뜨렸다. 2011년에는 사건이 발발한 지 거의 10년 만에 9·11 테러의 기획자인 빈 라덴을 사살했다고

2015년 1월 프랑스의 언론사 『샤를리 에브도』에 대한 테러가 벌어진 후 테러 반대 시위에 참여한 시민의 모습. '내가 샤를리다(Je suis Charlie)'라는 팻말을 들고 있다. 이 사건은 『샤를리 에브도』가 무함마드를 풍자한 것을 계기로 벌어졌다.

발표했다. 하지만 알카에다는 완전히 소탕되지 않았고, 이라크 전쟁 이후에는 IS가 발흥해 전 세계가 골치를 앓고 있다.

아프가니스탄의 탈레반 정권과 미국 사이의 전쟁이 한창 진행되고 있을 때 이슬람 전사가 된 청년과 그의 어머니 사이의 일화는 폭력에 폭력으로 맞서는 것이 과연 효율적인 것인지 의문을 갖게 한다.

"밤에 어머니가 부르시더니 진정한 이슬람교도로서의 자세를 말씀하시며 지하드●에 참가하라고 하셨습니다. 하지만 제게는 칼라시니코프(러시아제 소총)가 없었어요. 다음 날 어머니는 말없이 시장에 가서 패물을 팔아 소총을 사오셨습니다."

벼랑 끝까지 밀려 마지막 저항을 하던 무자헤딘 중 한 명인 당시 21세의 파루크 샤는 파키스탄 북부에 살던 대학생이었다. 그는 어머니의 훈계를 듣고 지하드 참가자 모집에 자원해, 또래 청년 500여 명과 함께 산악 도로를 타고 국경을 넘어 탈레반에 합류했다. 당시 1만 명에서 2만여 명으로 추정되는 탈레반 가담 외국인 자원병은 대부분 파루크 샤처럼 20~30대의 젊은 이슬람교도였다. 대부분 파키스탄 출신이었지만 예멘, 사우디아라비아, 체첸, 우즈베키스탄, 중국인까지 있었다고 한다.

∞ 9 · 11 테러가 주는 교훈

지구 마을의 종교 갈등을 극복하기 위해서는 9·11 테러를 냉정하게 분석해볼 필요가 있다. 왜 테러리스트들은 자신과 수천 명의 인명을 살상하며 끔찍한 테러를 저질렀을까? 9·11 테러는 정치적·경제적 갈등을 포함해 여러 문제가 복합되어 발생한 사건이지만 사건의 밑바닥에는 종교 문제가 도사리고 있다.

---

*지하드(Jihad)
성전(聖戰)이라고 번역한다. 무슬림은 지하드를 공격적 성격보다는 방어적 성격이라고 해석한다. 평화를 갈망하는 무슬림이 위기에 처해 다른 대안이 없을 때 선택하는 수단으로 보는 것이다. 지하드는 무력 항쟁만 의미하는 것은 아니다. 마음에 의한, 펜(논설)에 의한, 지배에 의한, 그리고 검에 의한 네 종류의 지하드가 있다. 성년이 된 모든 남성 무슬림은 지하드에 참가할 의무가 있으며, 순교자에게는 천국이 약속된다.

역사적으로 그리스도교와 이슬람교는 많은 전쟁을 해왔고 서로에게 적대감을 갖고 있었다. 미국과 이슬람 세계의 대립 구도 아래에는 오래된 종교적 원한이 깔려 있다. 그러나 두 종교와 유대교는 모두 같은 뿌리를 가진 형제 종교며 교리의 벽을 넘어서면 서로 신뢰하고 존중하며 공존할 수 있는 이론적 기반이 충분하다. 그러나 대화와 화해보다 투쟁을 외치는 극단적 배타주의자들이 서로를 자극하며 지구 마을의 평화를 위협하고 있다.

주로 미국과 서구의 정보에 의존하는 대다수 그리스도인은 '극단적인 종교인'이라고 하면 이슬람 테러리스트를 떠올리지만, 이들 못지않게 그리스도교 근본주의자들도 자신의 종교만 옳다는 배타적인 신앙으로 무장한 채 무서운 편견과 우월감에 사로잡혀 있다. 이들 역시 지구 마을의 평화를 위협하고 있다.

그리스도교 근본주의자는 특히 한국과 미국에 많다. 이들은 상대적으로 유대교에 관대한 반면 이슬람교에는 적대감을 갖고 있다. 보수 그리스도인이 이슬람교보다 유대교에 호감을 갖는 이유는 크게 두 가지다. 첫째, 유대인들의 정치적 로비 활동은 미국 정치에 큰 영향을 미친다. 미국이 꾸준히 이스라엘을 감싸는 정책을 펴는 것도 유대인들의 대對의회 로비 활동의 결과라고 볼 수 있다. 둘째, 유대교가 그리스도교 사상의 뿌리기 때문이다. 그리스도인이 존경하는 믿음의 선조들 즉 아브라함, 다윗, 솔로몬, 이사야, 예레미야 등이 모두 유대인이다. 물론 예수도 유대인이다. 그래서 보수 그리스도인은 유대인과 유대교에 친근감을 갖고 있다.

폭격 테러를 당한 미국 뉴욕의 세계무역센터. 미국과 이슬람교의 대결로 상징되는 9·11 테러는 현대의 종교 문제를 극명하게 보여준 사건이다. 이름만 다를 뿐 같은 하느님을 신봉하는 그리스도교와 이슬람교는 극단적인 원리주의자와 근본주의자들의 왜곡으로 충돌을 거듭하고 있다.

중세 시대에는 유대인과 유대교를 누구보다 증오하고 배척했던 그리스도인들이 무지와 편견에서 벗어나 유대교를 친근하게 여기는 것은 좋은 일이다. 그러나 교리적으로 유대교보다 열려 있는 이슬람교는 정확히 알지 못하고 알려고도 하지 않은 채 맹목적인 적대감을 갖고 있는 사람이 많다. 미국을 비롯한 서구 세계와 그리스도교는 이런 종교적 편견과 갈등을 만들어낸 데 깊은 책임을 느껴야 하며, 이슬람교와 유대교 역시 종교적 편견에서 벗어날 길을 찾아야 한다.

그리스도인과 이슬람교인, 그리고 유대교인들이 함께 수용해야 할 중요한 전제가 있다. '신은 어느 한 종교의 신념 체계 안에 갇힐 수 없다'는 것이다. 세 종교는 똑같이 신을 '전능하신 하느님'이라고 고백하지만 그것은 '신의 전능성'을 뜻하는 것이지 인간이 만든 체계나 교리의 전능성일 수 없다. 그러므로 그리스도인은 이슬람 세계에, 이슬람교인은 그리스도교 세계에 열린 마음을 가져야 한다.

∞ 지구는 운명 공동체

유일신 종교의 큰 특징 중 하나는, 자신이 믿는 신념 체계는 절대자가 친히 내려주신 절대 계시므로 오류가 없다고 믿는 것이다. 그러므로 독실한 유일신 종교인은 자신이 옳다고 믿는 것을 쉽게 행동으로 옮기곤 한다.

9·11 테러가 터지자 부시 미국 대통령은 "악의 축을 지구에서 몰아내는 것이 하느님의 뜻"이라고 복수를 다짐하면서 "신이여, 우리를 도우소서"라는 기도까지 덧붙였다. 빈 라덴도 '악마의 제국'인 미국을 용서할 수 없었다. 전 세계를 집어삼키려는 악마를 처단하는 것은 신이 내려주신 신성한 사명이고, 그 사명을 위해 수천 명의 죄 없는 사람이 죽는 것은 감수할만한 일이라고 생각했다. 독실한 유일신 종교 신앙인이던 부시 대통령과 빈 라덴의 확신이 가혹한 테러와 그에 뒤이은 끔찍한 전쟁을 불러온 것이다. 이런 확신주의자에 대해 한 사회학자는 이렇게 말했다. "우리가 종교를 잘못 믿어서 받게 되는 피

해 가운데 가장 큰 것은, 이성과 분별력이 마비되어 자주적으로 생각하는 능력을 잃어버리는 것이다."

비록 엄청난 테러를 당했지만 부시 대통령의 말처럼 미국은 강하다. 세계의 부를 거머쥐고 있으며 전 세계에서 가장 강력한 군대를 갖고 있다. 그러나 미국 역시 지구 마을이라는 거대한 공동체 안의 한 국가기 때문에 지구 마을의 아픔에서 자유로울 수 없다.

9·11 테러 이전까지 많은 미국인은 다른 나라가 고통을 당해도 자기들은 고통받지 않을 것이라 생각했다. 적어도 미국 안에서는 지구 마을의 갈등과 그로 인한 아픔과 상관없이 자유와 번영을 누릴 수 있다고 생각했다. 그러나 9·11 테러로 그렇지 않다는 사실이 입증되었다. 지구 마을은 하나의 유기체와 같다. 손이나 발이 아프면 온몸이 아픈 것처럼 지구 마을 어디선가 아픈 일이 생기면 나도 아플 수밖에 없다.

무엇보다 미국은 "힘으로 다른 힘을 누를 수 있다"는 생각에서 벗어나야 한다. 『성서』의 예수는 "검으로 일어난 자는 검으로 망한다"고 말했다. 9·11 테러는 약자가 이성을 잃으면 절대 강자에게 얼마나 큰 타격을 줄 수 있는지를 보여주었다.

∞ 이슬람과 테러리즘

2016년을 기준으로 74억 세계 인구 가운데 무슬림은 약 18억 명

사자심왕 리처드 1세의 아크레 대학살을 그린 그림. 제3차 십자군 때 리처드 1세는 아크레를 함락하고 여성과 어린아이를 포함한 무슬림 포로 3,000명을 처형했다. 십자군 전쟁 중에는 그리스도교 측이 주도한 잔인한 사건이 많이 일어났다.

으로 24퍼센트에 이른다. 4명 가운데 1명이 무슬림인 셈이다. 무슬림은 자신의 종교를 '평화의 종교'라고 한다. 하지만 IS, 탈레반, 알카에다, 보코하람 등 잔인하고 끔찍한 테러 단체가 모두 이슬람교를 기반으로 활동하고 있다는 사실은 이슬람이 과연 평화의 종교인지 의심하게 만든다. 이슬람이 태동한 후 전쟁을 통해 급속히 영토를 확장했다는 것 또한 부인할 수 없는 역사적 사실이다. 그런데도 여전히 이슬람은 평화의 종교라고 주장하는 근거는 무엇인가?

먼저 알아야 할 사실은, 이슬람이 100년도 안 되는 짧은 기간에 동로마제국과 페르시아 등 당시의 강대국을 모두 제압하고 지브롤터 해협을 건너 유럽까지 진출한 것이 그들의 용맹성 때문만은 아니라는 점이다. 이슬람 정복자들은 예언자 무함마드가 그랬듯이 정복한 땅에 정의로운 사회를 구현하기 위해 노력했고 가난한 자들을 대접해주었다. 그리스도교에 억눌려 지내던 유대인에게도 따뜻한 손길을 내밀었다. 이슬람이 가는 곳에는 정의롭고 평등한 세계가 이루어진다는 소식을 들은 피정복지 주민들은 앞장서서 이슬람 정복자에게 성문을 열어주기도 했다.

그리스도교가 지구 마을을 피로 물들인 역사 역시 이슬람에 비해 결코 작지 않다. 이슬람을 더욱 과격하게 만든 책임도 그리스도교 세계에 있다. 상대적으로 유대교와 그리스도교에 너그러웠던 이슬람교가 초기의 포용성과 유연성을 잃은 데는 그리스도교 국가의 차별과 핍박이 있었다는 사실을 서구 세계는 정확히 인지해야 한다.

이슬람교의 과격성을 비난하기 전에 서구 그리스도교 국가들이 먼저 자신을 깊이 돌아보고 가해자로서의 과거를 인정해야 한다. 역사적 잘못을 사과한 후에야 비로소 무슬림의 분노와 한을 달래줄 해결책을 강구할 수 있을 것이다.

2

서로 다른 종교가 공존할 수 있는가?

∞ 무엇이 신의 뜻인가?

    종교 생활을 하는 데 있어서, 수단과 본질을 혼동하지 않는 것이 매우 중요하다. 교리와 종교적 전통은 수단이다. 그러므로 교리와 전통을 존중하되 절대화하지는 말아야 한다. 그러면 종교의 본질은 무엇인가? 그것은 그 종교의 근본정신인 깨달음, 진리, 사랑, 정의, 평화, 자유 같은 것들이다.

    모름지기 종교인은 본질적 가르침에 따라 살기를 힘써야 한다. 교회나 성당, 사찰에 등록해 열심히 출석하고 기도하는 것도 중요하지만, 하늘을 우러러 부끄러움 없이 살고, 이웃과 서로 사랑하며 사는 삶이 더욱 중요하다. 수단보다 본질이, 교리나 전통보다 삶 자체가 중

갈릴레오 갈릴레이는 가톨릭 교리에 어긋난다는 이유로 이단으로 기소되었으며, 가택연금 당하고 그의 책은 금서로 지정되었다. 경전의 문자에 매여 신의 뜻을 편협하게 해석할 경우, 지금도 벌어질 수 있는 일이다.

요하다.

또한 경전의 문자에 매이지 말고 그 문자에 담긴 뜻을 파악하도록 힘써야 한다. 문자로 표현된 것 이상의 넓고 깊은 뜻이 있을 수 있기 때문이다. 경전의 특정 구절에 의존해 "이것이 신의 뜻이다"라고 단정하지 말고, 문자 속에 담겨 있는 깊은 뜻이 무엇인지 신중하게 묻고 탐구해야 한다.

우리가 그렇게 할 수 있다면 중세 시대에 갈릴레이를 사형에 처하려던 오류를 반복하지 않을 수 있을 것이다. 당시 교회가 "『성서』에 지구는 평평하다고 기록되어 있다"고 단정하지 않고 "『성서』의 기록과 지금까지 경험으로 보아 지구는 평평하다고 믿어왔다"라고만 했어도, 교회가 다른 생각을 가진 사람을 함부로 죽이지 않고 과학과도

좀더 일찍 친구가 될 수 있었을 것이다.

사람은 절대자가 아니다. 물론 신을 절대자라고 고백할 수 있다. 그러나 신의 말씀이라는 경전조차도 인간의 언어와 논리라는 그릇에 담겨 있다. 신의 말씀을 담은 그릇, 인간의 언어, 인간의 논리는 절대적일 수 없다. 그것을 절대적이라고 생각하면 신앙은 문자에 매여 굳어진다.

∞ '절대적' 신앙은 부패한다

'확신'이라는 말을 좋아하는 종교인들이 있다. 전도할 때마다 "구원의 확신이 있느냐"고 묻는다. 그들은 자신이 이미 구원받았다고 확신한다. 그러나 자기 신앙을 확신하는 사람은 성장을 포기해야 한다. 확신한다는 것은 어떤 문제를 전적으로 옳다고 믿는 것이다. 다른 해석은 없다고 믿으며 변화의 가능성을 부인한다. 다 알고 있다고 믿는데 어떻게 더 성장할 수 있겠는가?

그런데 변화하지 않는 것, 자라지 않는 것은 성장하지 않을 뿐 아니라 썩기 쉽다. 절대 권력은 절대 부패한다는 정치 논리처럼 절대적이라고 확신하는 신앙은 부패할 수밖에 없다. 9·11 테러 이후 부시 대통령은 기자회견장에서 "악의 세력을 물리치고, 당신의 뜻대로 우리에게 승리를 주십시오"라는 기도로 회견을 마쳤다. 빈 라덴 역시 똑같은 기도 동영상을 인터넷에 배포했다. 두 사람 모두 자기가 하는

9·11 테러 이후 벌어진 아프가니스탄 전쟁에 참석하는 미군들. '확신하는 신앙'을 가진 지도자들은 신의 이름을 빌려 전쟁을 정당화했고, 전쟁은 또 다른 전쟁과 희생을 불렀다.

일이 신의 뜻이라고 확신했던 것이다. 두 사람이 확신하는 신앙 대신 의심하는 신앙을 가졌다면 어땠을까? 그랬다면 수천 명의 목숨을 앗아간 무지막지한 테러와 그 수십 배도 넘는 인명을 살상한 전쟁을 그토록 과감하게 저지르지는 못했을 것이다.

링컨 대통령은 늘 의심하는 신앙을 가졌다고 한다. 전쟁 중에도 자신의 정책과 처신이 과연 하느님이 원하시는 일인지 자주 의심했다. 부관이 보다 못해 이렇게 말했다. "대통령님, 하느님께서 당신 편에 계신다는 것을 모르십니까?" 링컨 대통령은 이렇게 대답했다. "하느님께서 내 편이라는 것을 의심해본 적은 없소. 나는 지금 내가 과연 하느님 편에 서 있는가, 그것을 의심하고 있는 것이오."

신이 나를 사랑하고 늘 나와 함께 한다고 믿는 것은 좋다. 신앙인이라면 그런 확신은 필요하다. 그러나 "내가 믿는 방식, 내가 믿는 교리,

내가 믿는 신앙을 통해서만 구원받는다"는 확신은 갖지 않는 것이 좋다. 종교인들은 "신은 전능하다"고 말한다. 그 말은 상대적으로 나는 미약한 존재라는 고백이다. 신의 전능성을 유한한 인간이 어찌 완전히 이해할 수 있겠는가? 그러므로 신의 전능성을 믿는 사람은 항상 겸손해야 한다. 늘 신중하고 함부로 확신하지 말아야 한다.

그런 사람은 삶의 현장에서 들려오는 신의 세미한 음성을 들을 수 있다. 언제나 겸손하게 마음의 문을 열어놓기 때문이다. 그리고 신의 음성을 들으면 들을수록 새로운 깨달음에 감격하면서 자신의 한계를 더욱 깊이 느끼게 된다. 그래서 진정한 신앙인은 신앙의 성숙도와 비례해 점점 더 자신의 부족함과 한계를 고백한다.

∞ 사람 잡는 허깨비

원효대사가 남긴 어록 중에 '환호환 탄환사幻虎還吞幻師'라는 말이 있다. 마술사가 마술을 부려 호랑이를 만들어냈는데, 그 허깨비 호랑이가 마술사를 집어삼켰다는 뜻이다.

사람들이 함께 모여 살다 보면 갈등이 생길 수 있다. 그 갈등을 극복하고 평화롭게 살기 위해 다양한 '삶의 기준'이 만들어졌다. 그것들이 모아져 '지침'이 되었고, 그중 공동체의 승인을 받은 것들이 모여 경전이 되었다. 모두 사람의 행복을 위해 만들어진 것이다. 그런데 그 지침과 경전이 사람을 죽이기도 한다. 허깨비 호랑이가 자기를 만든 마술사를 집어삼킨 것이다. 원효대사는 이런 현상을 보고 개탄했다. 예나 지금이나 신념과 종교가 사람 잡는 일은 여전한 모양이다.

원효대사 이야기 중에 잘 알려진 일화가 있다. 원효대사가 중국 유학길에 어느 동굴에 들어가 자다가 너무 목이 말라 주변을 더듬어보니 웬 바가지가 손에 잡혔다. 들여보니 마실 물까지 들어 있는 게 아닌가. 원효대사는 시원스레 물을 들이켜 갈증을 풀었다. 그러고 숙면을 취했다. 그런데 아침에 깨어보니 그 바가지는 해골이요, 해골 안의 물은 시체 썩은 물이었다. 그 사건 이후 원효대사는 큰 깨달음을 얻고 중국 유학을 그만두었다. 이미 얻을 것을 다 얻었기 때문이다. 이 이야기를 사실로 믿는 사람도 있지만 역사학자들은 원효대사의 위대함을 기리는 설화로 이해해야 한다고 말한다.

우리는 설화 자체보다 설화가 담고 있는 의미에 집중해야 한다. 원효대사는 해골의 물을 마신 다음 이렇게 말했다. "심생즉종종법생心生則鍾鍾法生이요, 심멸즉종종법멸心滅則鍾鍾法滅이라." 즉 "마음이 나면 만 가지 법이 함께 생겨나고, 마음이 소멸하면 만 가지 법이 함께 소멸한다"는 뜻이다.

예수는 "천국이 여기 있다 저기 있다 하지 말라"고 했다. 그러면 천국은 어디에 있을까? 예수는 이렇게 말했다. "천국은 너희 안에 있다." 대부분의 그리스도교 설교자는 이 말을 "천국은 저 하늘뿐 아니라 우리 마음 안에도 있다"는 뜻으로 해석한다. 일리 있는 해석이다. 하지만 그렇다면 지옥 역시 우리 마음 안에 있을 것이다. 우리를 낳아주고 길러준 조상과 부모라도 예수를 믿지 않으면 지옥에 간다고 믿으면서, 자신은 기필코 천국에 가겠다는 그 마음은 지옥이 아니겠는가? 반면 "지옥이 비기 전에는 성불하지 않으리라"는 지장보살의 마음이 바로 천국이 아닐까? "천국은 너희 안에 있다"는 말은 "천국이 너희 가운데 있다"로 번역하는 것이 더 적절하다고 주장하는 학자도 많다. '너희 가운데'라는 말은 '너희의 관계 속에'라는 말이다. 사람들의 선한 관계를 통해 이 땅에 천국이 이루어진다는 뜻이다.

종교는 인간의 행복을 위한 수단이다. 예수는 이 사실을 정확히 알고 있었다. 그는 사람의 행복을 위해서라면 교리나 지침에 매이지 않아도 된다고 생각했다. 예수는 안식일에 해서는 안 된다고 규정된 일을 거리낌 없이 행했다. 사람들은 예수를 질서를 파괴하는 이단자로 보았지만 그런 사람들에게 예수는 이렇게 말했다. "사람이 안식일을 위해 있는 것이 아니라, 안식일이 사람을 위해 있는 것이다." 안식일 규정은 사람을 행복하게 하려고 제정된 것이다. 확대해서 말하면 율법도 사람을 위해, 종교도 사람을 위해 존재한다. 사람이 목적이고 종교는 수단이다. 사람을 행복하게 하기 위해, 사람을 살리고 사람 사는 세상을 평화롭게 하기 위해 종교가 존재하는 것이다.

∞ 교황의 참회

가톨릭교회는 지난 2000년을 대희년으로 선포해 다채로운 행사와 축제를 펼치며 참회와 화해를 통한 대화합에 나섰다. 당시 교황 요한

바오로 2세는 인종과 이념, 종파를 초월한 화해에 나서며 교회의 과거 잘못들을 공식 인정하는 참회 문건을 발표했다. 「회상과 화해: 교회의 과거 범죄」라는 문건을 통해 교황청은 피로 얼룩진 십자군 원정과 유대인 탄압, 중세의 각종 고문형, 신대륙 원주민 학살 등 인류 역사에 지울 수 없는 잘못들을 저질렀음을 고백했다.

교황이 절대 권위에 안주하지 않고 낮은 자세로 참회와 화해를 요청한 것은 새 천 년 인류에게 던진 상생의 메시지로, 의미 있는 사건이었다. 교황은 "진리를 구한다는 이름으로 치러진 폭력과, 다른 종교를 따르는 사람들에게 보였던 불신과 적의에 대해 용서를 구한다"고 말했다. 한 추기경이 유대인 박해를 고백하는 등 추기경 5명과 대주교 2명이 구체적인 죄에 대한 용서를 구했다. 추기경들은 "다른 문화와 종교적인 전통을 업신여겼으며, 너무 자주 여성을 모욕하고 소외시켰다"고 잘못을 고백했다. 교황은 "가톨릭은 그동안 가톨릭이 당해온 박해에 대해서도 가해자들을 용서할 준비가 되어 있다"며 참회와 함께 용서를 베풀었다.

∞ 길벗들의 대화

16세기 서구에서 일어난 교회개혁운동을 '종교개혁'이라고 표현하는 것은 문제가 있다. '종교개혁'이 아니라 '교회개혁'이라고 해야 적절하다. '종교개혁'이라는 표현에는 마치 그리스도교만이 종교고, 다른 종교는 종교가 아닌 것처럼 생각하는 무지 또는 독선이 깔려 있다. 그러나 워낙 보편화된 용어이므로 이 책에서는 그대로 썼다.

종교개혁과 르네상스 이후, 서구 그리스도교는 밀물처럼 도전해오는 인본주의의 도전에 존립이 위태로운 상황으로 내몰렸다. 특히 개신교 종교개혁운동으로 가톨릭의 1,000년 아성이 흔들리자 가톨릭 내에서 자정 운동이 일어났다. 개신교가 태동한 데에는 가톨릭의 책임이 있으므로 가톨릭 내에서도 개혁운동을 해야 한다는 것이다. 예수회의 로욜라가 선봉에 서서 교육과 선교에 박차를 가했다. 개신교가 미처 정체성을 다지기도 전에 해외 선교로 방향을 돌린 가톨릭은 제국주의 노선과 맞물려 개신교보다 100여 년 앞서 전 세계에 선교의 불을 지폈다.

그러나 유교와 힌두교, 불교 등 동양의 고등종교와 정면으로 맞닥 뜨린 선교사들은 자신의 신념 체계에 대한 확신을 더는 유지하기 어려웠다. 동양의 고등종교들은 『성서』에 등장하는 이방종교와는 비교할 수 없는 차원의 것이었다. 그들은 자신의 괴로운 심정과 흔들림을 교황청에 보고했다. 교황청은 회의를 열고 이 문제를 논의하기 시작했다. 200여 년 동안 계속된 치열한 교리 논쟁은 마침내 1962~1965년에 열린 제2차 바티칸공의회에서 결실을 보았다. '교회 밖에는 구원이 없다'던 가톨릭 신앙이 크게 선회했다.

　　당시 공의회의 이론적 기반을 제공한 카를 라너는 '이름 없는 그리

한자리에 모인 다양한 그리스도교 종파 성직자들. 타 종교와 종파를 이단이나 적으로 보는 것이 아니라 같은 목적을 향해가는 길벗으로 인정한다면 종교 간 대화는 생각보다 쉽게 이루어질 수 있다.

스도인Anonymous Christian'이라는 새로운 개념을 선보이며 "그리스도를 알지 못하지만 마음과 양심으로 그 뜻을 따르는 모든 사람은 이름 없는 그리스도인"으로 "그리스도의 은총은 그들에게도 적용된다"고 해서 가톨릭교회 밖에서도 구원을 받을 수 있는 가능성을 열어놓았다. 개신교도 '분리된 형제'로 인정했다. 이웃 종교와 선린 우호 관계를 맺을 이론적 기반이 마련된 것이다.

20세기 후반에 들어 이웃 종교와의 교류가 보다 빈번해진 가운데 그리스도교는 세 가지 태도를 보였다. 첫 번째는 배타주의다. 그리스도교 외에는 구원이 없으며, 타 종교의 윤리적·철학적 가치는 인정할 수 있으나 구원은 오직 그리스도를 믿음으로만 가능하다는 이론이다. 두 번째는 포괄주의다. 하느님이 허락한 구원의 주체는 오직 예수지만, 예수를 통한 하느님의 구원 경륜은 크고 넓어 '이름 없는 그리스도인'을 포함하므로 교회 밖에도 구원이 있을 수 있다는 이론이다. 세 번째는 다원주의다. 모든 종교를 진리를 향해 함께 걸어가는 길벗으로 보는 것이다. 산 정상에 오르는 길은 다양하지만 정상에 오르면 다 만날 수 있는 것처럼, 종교의 교리와 예식, 양태가 다르다 해도 결국은 같은 진리를 향하고 있고 모두 만날 수 있다는 이론이다.

오늘날과 같은 다원화 시대에 2,000년 전에 형성된 교리를 바탕으로 삼는 배타주의 이론은 끝없는 갈등을 양산해낼 수밖에 없다. 포용주의를 넘어 다원주의로 나아가지 않으면, 근본주의 그리스도교는 이슬람 테러리즘과 함께 '세계의 문제아'로 수많은 사회적 갈등과 싸움을 야기할 수밖에 없을 것이다.

∞ 무슬림의 자비

흔히 살라딘으로 불리는 살라흐 앗딘은 오늘날까지 '이슬람의 영웅'으로 칭송받고 있다. 그가 이런 찬사를 받는 이유는 유럽의 십자군에 맞서 이슬람 세계를 수호했기 때문이다. 살라딘은 1187년 7월 4일 하틴 전투에서 십자군을 궤멸시킨 데 이어 10월 2일에는 그리스도교 세력이 88년간 점령하던 성지 예루살렘을 공격해 항복을 받아냈다.

살라딘은 예루살렘이 무슬림의 성지인 동시에 그리스도교의 성지

이슬람의 영웅 살라딘은 광활한 이슬람 제국을 건설한 후 그리스도교의 십자군 원정에 맞섰다. 그는 전쟁에 임하는 장수였지만 그 가운데서도 바람직한 신앙인의 자세를 보여주었다.

임을 잘 알고 있었다. 또한 십자군이 예루살렘을 공격해 점령했을 때 성전에 있던 이슬람교도와 유대인을 잔인하게 몰살한 사실도 알고 있었다. 그러나 살라딘은 십자군과 달리 예루살렘을 포위한 후 인내심을 발휘해 피를 흘리지 않고 협상을 통해 예루살렘을 되찾았다. 또한 그리스도인의 예루살렘 순례도 승인했다.

살라딘의 관용에 대한 이야기는 다양하게 전해진다. 예루살렘을 되찾은 뒤 무슬림 강경파가 예루살렘의 성묘교회를 부수자고 주장한 적이 있었다. 그러나 살라딘은 고개를 가로저으며 이렇게 잘라 말했다. "내가 믿는 종교만이 아니라 다른 종교도 인정할 때 진정한 평화가 온다."

∞ 이슬라마포비아를 극복하라

알카에다와 탈레반, IS의 발흥 이후 전 세계적으로 이슬라마포비아가 증가하고 있다. 우리나라도 마찬가지다. 하지만 이슬람에 막연한 두려움을 가진 사람은 이슬람교에 대한 기초 상식조차 없이 서구 세계가 전하는 폭력적인 기사를 통해 이슬람을 판단하는 경우가 많다.

이슬람교와 그리스도교, 형제라 할 수 있는 이 두 세계종교는 많은 전통과 문화를 공유한다. 한 하느님(알라)을 믿으며, 인류의 조상 아담과 믿음의 조상 아브라함을 함께 믿는다. 그리스도인이 하느님의 법을 전해준 모세를 존경하듯이 무슬림도 모세를 선지자로 받들며 존경한다. 그리스도인이 예수의 동정녀 탄생과 기적을 믿듯이 무슬림 역시 예수의 동정녀 탄생과 기적을 믿는다. 무슬림은 다만 예수를 신의 본성을 가진 삼위일체 하느님으로 믿는 그리스도인들의 신앙은 잘못된 것이라 생각하기에 위대한 선지자로서 존경할 뿐이다. 반면에 그리스도인 중에는 무함마드에게조차 존경심을 표하기는커녕 사탄의 앞잡이라고 생각하는 사람이 많다.

물론 두 종교의 견해가 다른 부분도 많다. 그리스도교 『성서』에서는 다른 종교를 포용해야 한다는 말을 찾기 어렵지만 『꾸란』은 "진실로 너희의 종교는 하나"라고 가르친다. 그리스도인은 무슬림이 무섭고 잔인한 우상숭배자가 아니라 형제라는 사실을, 또한 역사적으로 그리스도교는 이슬람을 기꺼이 품어 안지 못했지만 이슬람은 그리스도교를 형제 종교로 인정했다는 사실을 알아야 한다.

2014년에 법무부와 문화체육관광부에서 발표한 자료를 보면, 지금 우리나라에 거주하는 무슬림은 20만 명에 달한다. 그중 14만 5,000명은 장·단기 체류자고 불법 체류자도 2만 명에 달하지만, 3만 5,000명은 한국인 무슬림이다.

우리나라에는 이슬람에 대해 너무 부정적인 측면만 알려져 있다. 서구 그리스도교 문화에 익숙한 우리로서는 이슬람 문화가 갖는 독특한 측면을 완전히 이해하기 어렵다. 또한 과거 그리스도교 세계가 의도적으로 만들어낸 왜곡도 수없이 많다. 마치 북한에 대한 정보가 거의 차단되었던 1960~1970년대의 많은 남한 어린이가, 왜곡된 정보만으로 북한의 공산주의자들은 얼굴이 빨갛고 머리에 뿔이 났다고 생각했던 것과 비슷한 상황이라고 할 수 있다.

이슬람교를 싫어하고 두려워하는 사람들에게 이유를 물으면 대개 폭력성과 여성 인권 문제를 든다. 그러나 이슬람교가 인정하는 폭력은 방어적인 것에 한정된다. 자신의 종교와 그 문화를 인정하지 않고 위해를 가하는 상대방에게 종교와 문화를 지키기 위한 저항은 정당하다고 믿는 것이다.

물론 무슬림이 정도를 넘어선 폭력을 저지르기도 한다. 이른바 이슬람 테러리스트들 말이다. 그들을 이슬람 원리주의자라고 부르기도 한다. 하지만 올바른 표현이 아니다. 그리스도교 보수 신앙을 가진 근본주의자들이 모두 테러를 지지하거나 테러리스트로 활동하지 않는 것처럼, 무슬림 원리주의자를 테러리스트와 동일시하는 것은 결례다.

여성 인권 문제도 그들의 시각에서 이해해볼 필요가 있다. 예를 들면 많은 사람이 이슬람 여성이 착용하는 히잡을 여성의 인권을 억압하는 대표적인 사례로 들지만, 무슬림 여성에게 히잡은 여성을 성적 대상으로 보는 남성의 눈에서 여성을 해방시켜주는 도구기도 하다. 실제로 무슬림으로 개종한 한국 여성 가운데 히잡을 쓴 뒤로 남성의 불편한 시선과 그로 인한 부자유에서 해방되었다는 사람도 있다. 한 무슬림 여성은 이렇게 말하기도 했다. "왜 수녀들이 머리에 두건을 쓰는 것은 거룩한 것이고 우리가 히잡을 쓰는 것은 여성을 억압하는 것이 되나요? 서구화된 세계에서 여성은 상품화되어 있고 실제로 여성을 돈으로 사고파는 일이 벌어지지만 이슬람 세계에서는 그런 일은 일어나지 않습니다."

News

UK | World | Politics | Science | Entertainment | Pictures | Investigations | Brexit

News

Woman forced to remove burkini on Nice beach by armed officers

Forced to disrobe: French police confront the burkini-wearing woman on the shore at

©The Telegraph

2016년 8월 24일 프랑스 니스 해변에서 무장한 경찰이 무슬림 여성에게 강제로 부르키니(부르카와 비키니의 합성어, 무슬림 여성을 위한 몸을 드러내지 않는 수영복)를 벗게 하고 있다. 히잡(목과 머리를 가리는 이슬람 여성용 베일)과 부르카(전신을 가리는 이슬람 여성용 의복) 같은 복식을 강요하는 것은 폭력적이지만, 이를 강제로 금지하는 것도 폭력적일 수 있다는 것을 보여주는 장면이다.

이슬람 여성에 대한 인권 문제는 서구적인 시각으로 쉽게 생각할 문제가 아니다. 오랜 전통과 문화가 빚어낸 결과기 때문이다. 그 열매를 서구적인 시각으로만 보는 것은 옳지 않다.

2004년 5월 프랑스에서는 공립학교에서 종교적인 복장을 금지하는 법을 공표했다. 그리스도교의 십자가도 금지 조항에 포함되었지만 주된 목표는 무슬림 여학생의 히잡 착용을 금지하는 것이었다. 히잡 착용 금지는 이슬람 세계에서 히잡 착용을 강요하는 것과 다르지 않다는 항변이 이어졌다. 히잡을 반드시 쓰라고 강요하는 것과 써서는 안 된다고 강요하는 것은 어떤 차이가 있을까? 이 논란은 지금도 계속되고 있다.

어느 특정 사안에 문제를 제기할 수는 있다. 하지만 특정 사안을 근거로 "이슬람은 이렇게 무자비한 종교다"라고 비난하는 것은 옳지 않다. 그것은 마치 한국에서 연쇄살인이 일어난 장면을 보여주며 한국을 연쇄살인의 나라라고 비난하는 것과 같다. 귀신을 쫓아낸다고 교인을 때려 숨지게 한 목사의 안수기도 장면을 보여주며 그리스도교는 사람을 죽이는 종교라고 말하는 것과도 같다.

이슬람 세계에 전혀 문제가 없다는 뜻은 아니다. 이슬람을 맹목적으로 찬양할 생각도 없다. 나 역시 일부 무슬림이 저지르는 폭력과 과격성을 두려워한다. 하지만 그들의 과격성 중 상당 부분은 제국주의의 힘을 등에 업은 그리스도교 세계가 책임져야 한다고 생각하기에, 형제 종교의 문제를 짚어내기보다는 이해하고 상생하는 쪽을 선택하고 싶다.

개인적인 이력이지만, 오해를 피하기 위해 밝히고 싶은 점이 있다. 나는 그리스도인이다. 12년 전까지는 개신교 종단에서 세운 고등학교의 교목(학교에서 일하는 목사)이었다. 내가 내 종교인 그리스도교를 호되게 비판하며 거듭나기를 간절히 원하는 것처럼, 이슬람이 안고 있고 극복해야 할 문제는 무슬림 형제들이 극복하기를 원한다. 그렇지 않고 그리스도인이 무슬림을, 무슬림이 그리스도인을 비난하기 시작하면 지구 마을은 감내하기 어려운 갈등에 휩싸일 수 있다. 그리고 그 걷잡을 수 없는 회오리가 우리가 사는 세상 전체를 집어삼킬 수도 있다.

종교란 단순히 지적 활동으로 파악할 수 있는 세계가 아니다. 오히려 지식의 한계를 뛰어넘는 체험이요 삶의 세계라 할 수 있다. 그러기에 드러난 현상만으로 함부로 평가하고 재단하는 것은 매우 위험하다. 하물며 특정 종교인이 자기 시각으로 이웃 종교를 판단하고 비난하는 것은 인류의 미래를 매우 위태롭게 만드는 일로 삼가야 할 일이다.

나는 오래전에 나의 하느님께 한 가지 서원을 했다. "이웃 종교의 단점은 보지 않겠습니다. 장점만 보겠습니다. 그렇게 할 수 있도록 늘 지켜주십시오." 당시 내가 이 서원을 한 이유는, 특정 종교를 믿는 사람이 이웃 종교의 단점에 주목하고 지적하기 시작하면 큰 갈등이 생겨날 수 있다는 것을 느꼈기 때문이다. 특정 종교를 비판하는 것은 중립적 위치에 있는 시민 단체나 학계에 맡기고, 종교를 가진 사람은 이웃 종교에 덕담을 주로 하고 비판은 자제하는 게 좋겠다고 생각했다. 이 책을 읽는 독자들 가운데 특정 종교를 가진 신앙인이 있다면, 이 문제에 대해서만은 같은 생각을 가져달라고 부탁하고 싶다.

3

신은 많은 이름을 가졌다

∞ 신은 무엇인가?

지구 마을의 어떤 이는 그리스도인이 '하느님'이라고 부르는 신적 존재 또는 질서를 '이理'라고 부르고, 어떤 이는 '법法', 또는 '공公'이라 부르며 'Cosmic Mind'나 'Cosmic Principle'이라고 부르기도 한다.

신의 이름을 어떻게 부르든 다원화된 현대사회에서 여러 이웃과 어울려 살아가려면 원시 유일신 신앙만은 반드시 극복해야 한다. 현대신학자 중에는 유일신 신앙 자체를 버려야 한다고 주장하는 사람이 있는가 하면 배타적 유일신 신앙을 넘어 포용적 유일신 신앙으로 나아가야 한다고 주장하는 학자도 있다.

그리스도교 전통에서 고백해온 '유일하신 하느님'이란 독선과 아집에 사로잡혀 인류의 아름다운 종교 유산과 신념 체계를 부정하는 배타적 하느님이었지만, 포용적 유일신 신앙을 장려하는 신학자들은 하느님을 온 세상 만물을 크게 품는 '한울님'으로 소개한다. 포용적 유일신 신앙관으로 보면, 그리스도교와 이웃 종교 모두 '유일하신 참 하느님'의 거룩하신 뜻을 담고 있는 그릇이다. 그러므로 그 그릇, 즉 특정 종교의 전통이나 제도를 절대화해 갈등을 빚는 것은 하느님의 뜻을 따르는 것이 아니라 오히려 거스르는 것이다.

오랫동안 그리스도교는 신을 인격적 존재로만 이해해왔다. 인격이라는 개념은 신성의 신비와 독특성을 인간의 경험과 논리로 설명하기 위해 필요할 수 있다. 신과 신도의 관계를 설명하는 용어로 '인격'이나 '하느님 아버지'라는 표현은 적절하고 아름다울 수 있지만, 그 용어를 절대화하면 신 또는 신적 존재나 질서를 우리가 사용하는 개념 안에 가둘 위험이 있다.

엄밀히 말하면 하느님은 '인격적인 분'이 아니라 '초인격적인 그 무엇'이다. "말이 신을 믿었다면 그 신은 말처럼 생겼을 것이다"라는 서양 속담처럼 신을 사람의 모습을 한 인격적 존재로 이해한 것은 고대인에게는 자연스러운 일이었다. 하지만 이제는 신을 인격이라는 개념 안에 가두지 말고 풀어드리는 것이 어떨까?

어느 그리스도교 신학자는 이런 제안을 했다. "지금까지 우리는 '하느님은 누구신가Who is God?'라고만 물어왔습니다. 하지만 이제는 '하느님은 무엇인가What is God?'라고도 물읍시다." 우리가 그렇게 물을 수 있다면 신을 새롭게 만날 수 있을 것이다. 또한 유일신 종교인이

인격적인 하느님으로 고백하는 그분을 다른 이름으로 부르고 만나는
지구 마을의 이웃과도 친구가 될 수 있을 것이다.

∞ 지월指月

종교가 인류와 사회를 위해 봉사하지 못하고 끝없는 갈등과 분열
을 부른다면 그런 종교는 존재할 가치가 없다. 인도의 가톨릭 사제였
던 앤서니 드 멜로의 고백을 들어보자.

종교적 신조는

실재의 진술이 아니라 한 암시,

인간의 사고가 못 미치는 저편에 있는

어떤 것에 대한 한 실마리입니다.

요컨대, 종교적 신조는

달을 가리키는 손가락일 뿐입니다.

어떤 종교인은

그 손가락 연구에서 넘어서는 일이 없습니다.

어떤 이는

그 손가락을 빨기에 열중합니다.

또 어떤 이는

그 손가락을 써서 자기 눈을 후벼냅니다.

이들은 종교로 말미암아 눈이 먼

고집쟁이 맹신자들입니다.

그 손가락에서 충분히 떨어져서

그것이 가리키는 것을 바라보는

그런 종교가는 참으로 드뭅니다.

이들은 신조를 넘어가버렸기에

신성모독자로 여겨지는 사람들입니다.

7

종교와 사회의 대화

1

종교의 언어와 과학의 언어

∞ 종교의 언어는 고백의 언어

"한처음에 하느님께서 하늘과 땅을 지어내셨다." 이 문장은 그리스도교 『성서』, 「창세기」 1장 1절에 나오는 대선언이다. 그리스도인은 이 웅대한 선언을 받아들여 모든 생명이 신에게서 왔으며 신에게 순종하는 삶을 살아야 한다고 생각한다. 『성서』는 이렇듯 힘찬 희망으로 시작하지만 곧바로 첫 사람 아담과 하와의 타락, 그들을 에덴동산에서 내쫓는 신, 이어지는 죄악에 큰 홍수로 인류를 쓸어버리는 무서운 심판의 신을 그린다.

'사랑의 하느님'을 수없이 찬양하고 경배함에도 그리스도인 가운데는 신에 대한 두려움을 완전히 내려놓지 못하는 사람이 많다. 『성

홍수가 그쳤는지 알아보기 위해 비둘기를 날려보내는 노아. 베네치아의 산 마르코 성당 모자이크. 노아의 홍수 설화를 비롯한 「창세기」의 다양한 이야기를 『성서』에 적힌 그대로 믿는 것은 곤란하다. 「창세기」의 많은 부분은 실제 있었던 일에 관한 역사적 기록이 아니라, 고대인들이 신과 세계를 이해하기 위해 만든 신화다.

서』의 서두에서부터 신의 엄중한 심판이 선포되기 때문이다. 이런 '무서운 하느님'은 '사랑의 하느님'과 함께 『성서』 전반을 흐르는 두 개의 큰 물줄기를 이룬다.

대부분의 성서학자는 「창세기」를 문자 그대로 읽어서는 안 된다고 말한다. 「창세기」 1~11장은 역사가 아니라 신화기 때문이다. 역사는 사실을 전달하기 위한 기록이지만 신화는 중요한 의미를 전달하기 위해 만들어진 이야기다. 그러므로 역사는 역사로, 신화는 신화로 이해해야 한다. 역사를 신화로 해석하거나 신화를 역사로 해석하면 진실에서 멀어진다.

「창세기」 앞부분이 역사가 아니라 신화라고 생각하면, 많은 자유를 얻게 된다. 진화론과 창조론을 대립의 관점에서 볼 필요가 없으며, 진화를 신이 천지를 창조한 방법으로, 또한 과정으로 보는 여유가 생긴다. 또한 인류의 역사, 심지어 세상의 역사가 만 년도 채 되지 않는다는 비합리적인 생각도 할 필요가 없고, 홍수 이전 사람들은 몇백 년씩 살았는데 타락 이후 인류의 수명이 현격하게 줄어들었다는 상식에 맞지 않는 생각에서도 벗어날 수 있다. 무엇보다 그리스도교와 과학이 친구가 될 수 있을 것이며, 지구 마을의 수많은 이웃 종교, 이웃 문화와도 사이좋은 벗이 될 수 있다. "그러면 『성서』의 기록이 거짓이라는 말인가?"라고 우려하는 신도도 있을 것이다. 하지만 「창세기」 앞부분이 신화라고 해서 거짓이라고 생각해서는 안 된다. 오히려 사실 이상의 중요한 의미를 담고 있다는 점에서 '사실의 기록'은 아니지만 '진실의 기록'이라고 이해해야 한다.

사실과 진실의 차이는 객관과 주관의 차이다. 종교의 언어가 과학의 언어가 아니라 고백의 언어라는 것은, 줄리엣을 향해 "이보다 아름다운 여인은 세상에 없다"고 한 로미오의 고백과 같다. 객관적 사실이라기보다는 로미오에게는 진실로 그렇다는 뜻으로 이해해야 한다. 즉, 로미오의 고백을 사실의 언어로 이해해서 그의 말이 맞다 틀리다 논할 필요가 없으며, 그의 진실한 사랑을 표현한 고백의 언어로 들어야 하는 것과 같은 이치다.

「창세기」의 창세신화는 고대 유대인이 '신과 사람의 관계가 어떠한 것이며, 신 앞에서 우리가 어떤 삶을 살아야 하는 것인가?'라는 물음에 진지하게 고민하고 내린 답이다. 하느님은 우주 만물을 지은 위대한 신이며, 우리는 하느님에게 생명과 삶을 부여받았기에 자식이 부모에게 효도하는 것이 당연한 것처럼 하느님을 경외하며 그의 뜻을 따라 살아야 한다는 교훈을 후손에게 가르쳐주기 위해 기록한 (사실의 이야기가 아니라) '진실의 이야기'인 것이다.

하느님은 실제로 아담과 하와를 에덴동산에서 내치지 않았고 홍수로 인류를 쓸어버리는 무서운 일도 하지 않았다. 이 기록은 단지 3,000년 전의 사람들이 자기가 알고 있는 세계관 안에서, 신을 효율적으로 소개하기 위해 도입한 신화의 기록일 뿐이다.

진실을 알기 위해서는 용기를 내어 "내가 지금까지 알고 있던 것이 혹시 잘못 알았던 것은 아닐까?"라고 의심해볼 필요가 있다. 신앙을 훼손하기 위해서가 아니라, 신을 바로 알고 바로 섬기기 위해 의심하라는 것이다. "하느님은 의심하는 신앙을 싫어하신다"는 생각이야말로 결례다. 하느님을 매우 옹졸한 존재로 인식하는 것이기 때문이다.

∞ 경전의 기록은 과학의 언어가 아니다

과학책은 과학적 사실을 정확하게 전달해야 가치가 있다. 역사책 역시 역사적 사실을 정확하게 전달해야 가치를 인정받을 수 있다. 과학책이나 역사책에서 종교적인 의미를 찾으려고 하면 무리가 따른다. 『성서』는 종교적인 의미를 담은 종교 경전이지 과학책이나 역사책이 아니다. 『성서』의 기록을 과학과 역사의 관점에서 보려고 하면 사실과 진실이 모두 왜곡될 뿐 아니라 종교적인 의미도 놓치게 된다.

『히브리 성서(구약성서)』에는 무섭고 잔인한 신의 모습이 자주 등장한다. 신도들을 곤혹스럽게 하는 이런 기록들을 모두 사실로, 신의 계시로 이해하면 여러 가지 모순에 직면하게 된다. 세상의 모든 일은 신의 주권에 속한 것이므로 우리가 왈가왈부할 문제가 아니라고 회피하거나, 구약시대의 신은 정의의 하느님이고 신약시대의 신은 사랑의 하느님이라는 식으로 문제를 묻어버릴 수밖에 없다.

예수는 신을 '하늘에 계신 우리 아버지'라고 가르쳐주었다. 그리스도교의 신은 자기 백성에게 가나안 땅을 차지하기 위해 그곳의 주민을 모두 살육하라고 명령하는 신이 아니다. 단지 파라오 한 사람을 징계하기 위해 이집트의 맏아들을 모두 죽여버린 무자비한 신도 아니다. 이민족에게는 가혹하고 자기 백성만 편애하는 구약의 신은 늘 주변 민족과의 갈등에 시달려야 했던 당시 이스라엘 사람들이 극한 상황에서 인식한 모습이지 실제 신은 아니다.

당시 이스라엘 사람들은 신이 자기 백성을 지키기 위해 이방 민족을 몰살시켜 줄 것이라고 진실로 믿었을 것이다. 신을 그렇게 믿고 의지할 수밖에 없었던 그들의 극한 상황과 간절한 신앙, 진정성은 충분히 이해하지만 3,000년 전 이스라엘 사람들이 인식한 신을 지금도 그대로 믿는다는 것은 너무나 어처구니없는 일이며 안타까운 일이다.

그런 순진한 믿음을 의심하고 돌아보아야 하는 이유는, 그런 무리한 해석들이 합리적인 사고를 하지 못하도록 방해하기 때문이다. 그런 신앙을 계속 갖고 있으면 다원화된 현대사회에서는 많은 갈등과 비극이 생겨나게 된다. 또한 그리스도교의 참된 신앙과 가치가 훼손

되어 그리스도교뿐 아니라 지구 마을의 앞날을 더욱 어둡게 만들 것이다.

∞ 경전은 사람의 책인가, 초월자의 말씀인가?

어렸을 때 "엄마가 좋아, 아빠가 좋아?"라는 질문을 한 번쯤 받아보았을 것이다. 엄마와 아빠 둘 다 좋은데, 둘 중 하나로 대답하기를 은근히 강요(?)하는 질문자의 의도에 말려들어 어쩔 수 없이 한 분을 선택했던 기억을 갖고 있을 것이다. 하지만 언제부터인가 아이들은 "둘 다 좋아!"라고 씩씩하게 대답하기 시작한다. 반드시 둘 중 하나만 선택할 필요가 없다는 것을 알았기 때문이다.

"경전은 사람의 책인가, 초월자의 말씀인가?"라는 질문에도 어느 한쪽만 선택할 필요는 없다. 둘 중 하나여야 한다는 생각은 흑백논리일 뿐이다. 그리스도교 『성서』는 2,000~3,000년 전 근동 지역에 살던 사람들이 당시 그 지역의 언어로 쓴 '사람의 책'이다. 하지만 깨어 있는 사람들이 신을 만나 각성한 체험을 담고 있다는 점에서 '초월자의 말씀이 담긴 거룩한 경전'이기도 하다.

그러므로 『성서』를 읽는 사람은 먼저 『성서』가 '사람의 책'이라는 사실을 인정하고 받아들여야 한다. 종이와 문자로 구성된 물리적 『성서』를 기록한 것은 '일차적으로' 사람이기 때문이다. 사람은 누구나 자기가 살았던 '그 시대와 사회'라는 시공의 울타리 안에 갇혀서 살아가기에, 역사적 사실이나 우주의 질서를 이해하는 데 한계와 오류가 있을 수밖에 없다.

이런 사실은「창세기」기자가 지구는 천체의 중심이고 움직이지 않으며, 그 주위를 태양을 비롯한 뭇별이 떠다닌다고 의심 없이 믿었다는 점을 생각하면 쉽게 받아들일 수 있다. 하지만『성서』가 천동설이라는 원시 세계관 아래 기록되었다고 해서『성서』의 가치가 무너지지는 않는다.『성서』가 우리에게 전하는 메시지는 과학적 사실이 아니라 종교적 의미에 있기 때문이다.

"오늘 아침에도 찬란한 태양이 하늘 위로 높이 솟아올랐습니다." 신년 벽두마다 빠짐없이 등장하는 말이다. 그러나 사실은 태양이 떠오른 것이 아니라 지구의 자전으로 생긴 현상이기에 과학의 언어로 그렇게 말했다면 틀린 표현이 된다. 하지만 과학의 언어가 아니라 삶의 언어로 하는 말이기에 그 말에 시비를 걸지 않는다. 이처럼 과학적으로는 맞지 않지만 우리의 삶에 여전히 의미를 주는 표현이 많다.

여기까지 동의할 수 있다면 "『성서』의 내용이 과학적으로는 틀릴 수 있다"는 데에도 기꺼이 동의해야 할 텐데 그렇지 못하는 사람이 많다. "『성서』에는 오류가 없다"는 오래된 교리가 그들의 마음을 사로잡고 있기 때문이다. 하지만 우리가 받아들이지 않으면 안 될 사실은『성서』기자가 신에게 영적으로 사로잡힌 '하느님의 사람'이었다 하더라도, 인간이기에 가질 수밖에 없는 지식의 한계나 오류의 가능성을 완전히 넘어설 수 없다는 점이다.

그리스도교의 주요 교리를 만든 사람은 대부분 1,500~2,000년 전

중세 서유럽에서 사용하던 세계지도. 세계는 둥글며 주위에 바다가 있고, 땅은 아시아(위)·유럽(왼쪽 아래)·아프리카(오른쪽 아래)로 나뉘어 있으며, 세계의 중심에 예루살렘이 있다고 믿었다. 지금이라면 초등학생도 믿지 않을 조악한 세계관이지만 당시 사람들은 이를 진짜로 믿었다. 인간의 세계 인식은 시기와 환경에 따라 한계가 있을 수밖에 없다.

에 살았기에 '그 시대의 세계관' 안에서 생각하고 살아갈 수밖에 없었다. 천체의 움직임이나 물리적 세계 질서에 대해서는 오늘날 초등학생보다도 훨씬 이해가 떨어질 수밖에 없었다. 그러므로 그들이 남긴 연구 결과와 기록이 아무리 신중하고 최선을 다한 것이었다 하더라도, 과학적 사실뿐 아니라 역사적 사실에 대한 한계와 오류도 있을 수 있다는 점을 이해하는 것이 매우 중요하다.

『성서』가 '사람의 책'이기에 담겨 있을 수밖에 없는 오류나 한계를 정직하게 인정할 때, 우리는 비로소 그 한계와 오류를 돌파해 정금正金과도 같은 '신의 말씀'을 제대로 읽을 수 있게 될 것이다. 그것은 마치 금광석을 용광로에 넣어 정련한 후에야 순금을 얻을 수 있는 것과 같다.

그러므로 현대 종교인은 "당시 시대와 사회 상황에서는 그렇게 이해하고 기록했지만, 그때와는 시대와 삶의 정황이 달라진 지금, 여기서 우리가 새겨들어야 할 경전의 진정한 메시지는 무엇인가?"라고 끊임없이 묻고 연구해야 한다. 그 물음과 연구의 과정을 거치지 않고 '기록된 그대로' 읽는 것은 경전의 진실에 다가가는 데 방해가 될 뿐 아니라 매우 위험할 수 있다. 아래 구절은 한 예다.

"여자는 조용히 복종하는 가운데 배워야 합니다. 나는 여자가 남을 가르치거나 남자를 지배하는 것을 허락하지 않습니다. 여자는 침묵을 지켜야 합니다."(「디모데전서」 2:11-12) 『성서』가 '사람의 책'이라는 점을 받아들이지 않는 일부 신학자와 목회자는 위의 『성서』 본문을 들어 21세기가 된 지금까지도 여성은 성직자가 될 수 없다는 남녀 차별 논리를 정당화한다. 하지만 이 본문은 당시 교회 현장에서 발생한 특수한 사정을 고려한다 하더라도, 동서양을 막론하고 남존여비라는 편견에서 자유롭지 못했던 시대의 한계를 『성서』 역시 그대로 안고 있다는 사실을 명백히 보여준다.

『성서』의 기록이 '시대의 한계'뿐 아니라 '원시 공동체의 이기심'에서도 자유롭지 못했다는 사실을 나타내는 문장도 많다. 다음 본문은 그중 하나다. "너희 가운데 패륜아들이 나타나 너희가 일찍이 알지 못했던 다른 신들을 섬기러 가자고 선동한다는 소문이 나돌 것이다. 그런 소문이 나돌거든 너희는 샅샅이 조사해보고 잘 심문해보아 그것이 사실임이 드러나면 그같이 역겨운 일을 너희 가운데서 뿌리 뽑아야 한다. 그 성읍에 사는 주민을 칼로 쳐 죽여야 한다. 그 성읍과 그 안에 있는 모든 것을 말끔히 없애버려야 한다. 거기에 있는 가축도 칼로 쳐 죽이고 모든 전리품을 장터에 모아놓고 그 전리품과 함께 온 성읍을 불살라 너희 하느님 야훼께 바쳐야 한다. 그리고 언제까지나 폐허로 남겨두고 다시 세우지 마라. 너는 이런 부정한 것들을 건사해 두지 않도록 하여라."(「신명기」 13:14-18)

이 본문은 이스라엘 공동체가 자신의 정체성을 지키기 위해 어떤 극단적인 선택을 했는지 잘 보여준다. 타민족을 말살하는 이런 일은 종족 간에 벌어진 전쟁에서 승리한 민족이 패배한 민족의 복수를 막기 위해 선택한 잔인하지만 어쩔 수 없는(?) 방법이었다. 공동체 존망의 위기에 닥친 이스라엘이 극단의 처방을 내릴 만큼 위기를 느꼈던 당시 그들의 처지를 이해할 필요는 있다.

그러나 21세기가 된 오늘날까지도 "『성서』에 기록되었으니 그것이 옳다"고 이웃 종교의 성전에 불을 지르고 단군상을 파괴하는 등 무모한 행위를 저지르는 극렬 신자들이 있다. 반드시 극복해야 할 슬픈 현실이다. 『성서』가 '사람의 책'이라는 점을 이해하지 못하고 여전히 '오류 없는 하느님의 말씀'이라고 규정하는 오래된 교리를 재해석하고 교정하지 않는 한 이 문제를 근본적으로 극복하기는 어렵다.

경전에서 진정한 신의 말씀을 들으려면 원석을 용광로에 녹여 순금을 뽑아내듯 'Text(본문)'뿐 아니라 'Context(본문이 기록되기까지 역사적 정황과 저자의 의도 등 본문의 배경)'까지 충분히 연구해야 한다. 그런 후에야 비로소 온전한 신의 말씀에 다가갈 수 있다. 과거의 교리에 매이지 않는 열린 신학이 필요한 이유다.

2

종교는 과학의 친구

∞ 과학의 위협

인류에게 장밋빛 미래를 꿈꾸게 한 과학기술의 발전이 어쩌면 인류의 종말을 초래할지도 모른다. 인류는 과학이 발전할수록 세상도 발전할 것이며 생활이 풍요로워질 것이라고 믿어왔다. 그러나 과학이 반대로 인류의 생존과 번영을 위협한다면 우리는 그 역기능을 심각히 고려해보아야 하며 필요하면 제재 수단을 강구해야 한다. 지금 세계 곳곳에서 벌어지는 현상을 볼 때 과학기술은 위험 수위를 넘어 뚜렷한 위협으로 다가오고 있다.

요즘 글로벌 자동차 회사들은 전기와 수소로 움직이는 연료 장치 개발과 함께 스스로 생각하고 판단하는 자율 운전 자동차 개발에 집중하고 있다. 과학자들은 2030년이 되면 로봇이 인간의 지능을 뛰어넘으며 스스로 복제할 능력까지 갖추게 될 것이라고 한다. 일부 과학자는 첨단 기술이 자기 복제, 돌연변이, 기계적·생물학적 전염병을 쏟아낼 능력을 스스로 또는 공동으로 만들어낼 수 있다고 우려한다. 기술의 진보가 초래할 위협은 핵무기보다 가능성이 높고 피해 규모도 클 것이라는 것이다.

∞ 돌연변이[*]

『돌연변이』라는 공상과학 추리소설이 있다. 과학기술의 발전에 비례해 인간의 통제력이 함께 발전하지 않을 경우, 과학이 오히려 인류에게 재앙이 될 수 있음을 생생하게 보여주는 보고서 형식의 소설인데 내용은 다음과 같다.

유전공학으로 만들어진 천재 아이가 대리모를 통해서 태어났다. 이 아이는 울지도 않고 아버지를 똑바로 쳐다보면서 태어났다. VJ(빅터 주니어)라는 이 아이는 3세에 이미 IQ가 250이었다. 천재 과학자인 VJ의 아버지가 자신의 정자와 아내의 난자를 채집해서 체외 수정란

---

[*] **돌연변이(突然變異, Mutation)**
생물의 형질에 돌발적으로 다른 형질이 생기고 이것이 유전하는 일이다. 돌연변이는 유전자 자체의 변화로 일어나거나, 염색체의 일부가 잘려 없어지거나 추가되어 일어난다. 자연 상태에서도 일어나지만 방사선이나 화학물질 등의 영향을 받아 일어나기도 한다. 미국의 허먼 멀러는 1926년 초파리에 X선을 조사(照射)해 처음으로 인위적인 돌연변이를 일으켰다.

을 만들었으며, 그 수정란의 유전자를 조작해 자신보다 뛰어난 아이를 태어나게 한 것이다.

그러나 의학적으로는 완벽한 성공작이었던 VJ는 과학적으로는 검증할 수 없는 심각한 결함을 안고 태어났다. 양심이 존재하지 않았던 것이다. 부모가 그 사실을 깨닫게 된 것은 그가 13세가 되었을 때였다. VJ는 뛰어난 머리로 생명공학을 이용해 세계를 정복할 계획을 세운다. 그리고 그 일을 실현하기 위해 마약 밀매단과 손을 잡고 자금을 마련하며 그의 행동을 주시하는 모든 사람을 유전공학을 이용해 살해한다.

정신과 의사였던 어머니는 처음에는 친구들과 어울리지 못하고 정서가 메말라 있는 아들을 염려하다가 근본적인 문제가 있음을 알게 된다. 결국 부모는 VJ의 이상한 행적을 추적해 가공할만한 그의 연구실을 발견한다. 모든 것이 탄로 나자 VJ는 그동안 자신이 이루어놓은 엄청난 의학적 업적을 자랑스럽게 늘어놓으며 부모의 협조를 구한다. 그러나 부모는 비윤리적인 VJ의 연구 결과가 어떻게 인류 사회를 파멸시킬 것인지 예견하며 괴로워한다.

부모가 연구를 반대하자 VJ는 매몰차게 어머니를 연구실에 가두고 아버지를 감시한다. 결국 VJ의 아버지는 자식과 함께 죽는 길을 택한다. 근처에 있는 강의 수로를 연구실로 끌어들여 자식과 함께 최후를 맞는다.

이 소설은 생명공학이 어떤 모습으로 인류 앞에 나타날 수 있는지에 대한 예고로, 윤리를 떠난 과학이 얼마나 위험할 수 있는지를 보여주었다. 인간은 양과 개 등 여러 동물을 복제해내는 데 성공했다. 앞으로 어떤 일들이 일어날까? 과학을 발전시키는 것은 인간이지만 한 번 개발된 과학적 산물은 그것을 개발한 사람의 의도와는 전혀 다른 방향으로 발전하고 오용될 수 있다.

노벨이 다이너마이트를 개발했을 때 전쟁 무기로 쓰려고 만들지는 않았을 것이다. 앞으로 과학이 더 발달하면 원자폭탄을 더욱 손쉽게 만들고 범죄 조직이 핵폭탄이나 수소폭탄을 갖게 될 날이 올지도 모른다. 그러면 세상이 어떻게 될까?

과학 자체보다 과학을 다루는 인간의 양심이 중요하다. 학교에서는 컴퓨터와 생명공학 등 과학과 기술을 가르치는 것 못지않게, 그런 것들을 올바로 사용할 수 있는 인간의 심성에 많은 관심을 기울이고 교육해야 한다. 기능의 습득도 중요하고 과학적 사고방식도 중요하지만 사람이 사람답게 살아가는 데 가장 중요한 것은 바로 사람됨이다. 잘났건 못났건 하늘을 우러러 부끄러움 없이 살아가는 양심적이고 맑은 심성을 갖는 것이 유능하고 똑똑한 사람이 되는 것보다 훨씬 중요하다.

∞ 과학의 물음과 종교의 물음

2015년 11월, 프랑스 파리에서 동시다발 테러가 발생해 130명이 넘는 무고한 시민이 목숨을 잃었다. 우리는 언제 어디서 어떤 형태의

유전자 조작 옥수수가 자라고 있는 농장. 과학의 발전은 식탁의 먹거리로까지 영역을 넓힌 지 오래다. 인위적인 유전자 조작은 생태계 파괴를 넘어 끊임없는 유해성 논란이 일고 있다.

테러가 발생해 지구 마을을 또 다시 경악하게 할지 모르는 세상에 살고 있다. 앞으로는 화학약품이나 생물에 의한 테러가 일어날 가능성도 있다. 그렇게 되면 그 피해는 지금까지 일어났던 어떤 테러보다도 훨씬 광범위하고 지속적일 수 있다. 그러나 불행하게도 이에 대한 대비책은 너무 취약하다.

인류는 스스로 발전시킨 과학에 언제 어떤 위기를 당하게 될지 모르는 위험에 처해 있다. 불행하게도 현대 과학자들은 과학 자체를 발전시키는 데는 성공했지만 그 과학을 올바로 사용하도록 통제하는 데는 성공하지 못했다. 통제력을 잃은 과학의 발전은 '과학의 발전'

이 아니라 '과학의 난개발'이라고 불러야 옳을 것이다. 발전이란 이전보다 향상됨을 뜻한다. 그러나 과학의 발전이 생태계를 파괴하고 인류에 더 큰 위협을 준다면 그것은 난개발이라고 해야 옳지 않을까?

과학이 진정으로 '발전'하려면 과학 자체의 발전과 함께 통제력도 발전해야 한다. 그러나 이미 과학은 인간의 통제력을 벗어나고 있다. 생명과학의 급격한 발전으로 생명체를 복제해낸 인류는 앞으로 유전자조작을 통해 새로운 종種까지 만들어낼지도 모른다.

어느 이론이든 보편화되면 될수록 통제하기 어려워진다. 핵을 만드는 기술이 보편화되면 핵을 통제하는 것이 거의 불가능해질 것이다. 유전자조작술이 보편화되면 기술자가 공장에서 마음대로 원하는 형태의 생명체를 만들어내게 될 수도 있다. 국제 협약으로 통제하는 것은 불가능할 것이다. 테러조직이 핵이나 생명공학 기술을 이용해 무기를 만들어낼 수 있는 수준으로 과학이 보편화될 때, 그때가 아마 통제가 불가능한 시점이 될 것이다.

인류가 무분별하게 난개발한 과학이 인류의 재앙으로 연결될 가능성은 매우 높아 보인다. 과학 자체의 진전은 가속도가 붙기 시작해서 엄청난 발전을 이루어가고 있는데 비해 인류가 가진 통제력은 너무나 미비하다. 어쩌면 이미 늦었는지도 모르겠다.

지금까지 인류는 상상 속에서 꿈꿔왔던 많은 일을 현실화했다. 그리고 그럴 때마다 박수를 보내왔다. 이제는 박수를 보내기 전에 생각을 해보아야 한다. "인간이 할 수 있느냐 없느냐"가 문제가 아니라 "해도 되느냐 안 되느냐"를 생각해야 할 시대다.

과학이 "할 수 있느냐 없느냐"에 집중하는 현실에 균형을 이루기 위해 "해도 되느냐 안 되느냐"를 생각하는 인류 집단이 꼭 있어야 한다. 누가 그 역할을 감당할 수 있을까? 교육기관이나 국제적 환경 단체, 거국적 시민 단체 등과 함께 전 세계의 종교인이 각종 사회 현안에 적극적으로 참여하고 감시하며 행동해야 한다고 믿는다. 이런 점에서 종교는 여전히 필요하고, 현대사회에서 종교의 역할은 여전히 중요하다.

∞ 자연보전과 종교의 역할

"환경보호라는 용어를 쓰지 말자." 환경보호 운동을 하는 사람들이 이렇게 주장하고 나섰다. 그들은 '환경'이라는 말 자체가 인간 중심적이기에 사용을 자제해야 한다고 주장한다. 환경이라는 말은 인간을 중심에 놓고 그 주변, 혹은 배경으로 자연을 보기 때문에 부적절한 용어라는 것이다. 인간은 자연이라는 거대한 전체 안에서 부분을 이루고 살아가는 존재다. 인간이 중심이고 자연이 환경으로 존재하는 게 아니다.

같은 관점에서 '보호'라는 표현도 생각해보아야 한다. 누가 누구를 보호하는 것인가? 인간이 자연을 해치지 않으면 자연은 스스로 조화를 이루며 존재한다. 인간이 자연을 보호하는 것이 아니라 자연이 인간을 보호하는 것이다. 그 보호를 인간이 거절하고 제멋대로 훼손하는 게 문제다. 인간이 자연의 보호를 거절하면 결국 자연은 인간을 포기할 것이다.

그래서 '환경'이나 '보호'라는 용어 대신 '생태' 또는 '생태계'라는 용어를 사용하기도 하지만 요즘에는 생태라는 말조차도 도전을 받고 있다. 생태, 즉 살아 있는 것만이 아니라 존재하는 모든 것, 심지어 돌멩이 하나까지도 '거기에 있는' 이유가 있다는 것이다. 그래서 요즘은 자연보전이라는 표현을 많이 쓴다.

2015년 세계적인 독일의 자동차 회사가 디젤 승용차의 배출가스 저감장치를 조작한 사건으로 전 세계가 시끌벅적했다. 2016년에는 일본의 자동차 회사가 비슷한 연유로 여론의 도마 위에 올랐다. 잘못은 자동차 회사들이 했지만 그 피해는 고스란히 시민들이 떠안을 수밖에 없다.

경유를 원료로 쓰는 디젤엔진 자동차는 미세먼지와 질소산화물, 오존 등 일급 발암물질을 내뿜어 '침묵의 살인자'라고 불린다. 인체에 스며들어 암 등 각종 질병을 유발하는 무서운 환경오염 물질이지만 경제적 이익에 집착한 자동차 회사들은 저감장치를 속여 '클린 디젤'이라고 선전하며 수익을 냈다. 그리고 수년 전부터 디젤 승용차가 급증한 우리나라 도시들은 세계에서 가장 위험한 지역 중 하나가 되고 말았다.

산업혁명 이후 몰아닥친 공업화의 물결은 급속도로 지구를 병들게 했다. 강과 호수 어디에서나 먹을 수 있었던 물은 소독을 해도 식수로 사용하기 어려울 정도로 오염되었다. 도시에서는 자동차가 내뿜

폭스바겐이 배출가스 저감장치를 조작한 것이 적발되어 큰 이슈가 되었다. 이어 BMW, 기아, 포드 등도 배출가스 장치에 결함이 있는 것으로 밝혀졌다. 인간의 이기심이 사회와 인류 나아가 지구 전체에 피해를 준 대표적인 사건이다.

는 매연이, 공장 지대에서는 산업 시설이 방출하는 배기가스가 도시와 농촌 가릴 것 없이 대기를 오염시키고 있다.

지구는 중병을 앓고 있다. 지구는 이제 아름답고 조화롭기만 한 별이 아니다. 18세기 7억 명 정도였던 세계 인구는 70억 명을 넘었다. 그동안 인간이 오염시킨 세계에 적응하지 못하고 멸종해버린 동식물은 헤아릴 수 없다. 과학자들은 앞으로 50년 이내에 현존하는 생물종의 30~50퍼센트가 더 멸종하게 될 것이라는 전망도 내놓았다.

호주 원주민들은 사냥할 때 부메랑을 사용한다. 부메랑은 양쪽 날개가 휘어 있어 던졌을 때 목표물에 맞지 않으면 한 바퀴 돌아서 던진 사람에게 되돌아온다. 우리가 파괴한 자연은 마치 부메랑처럼 그 대가를 반드시 되돌려줄 것이다. 인류는 지금도 당장의 편리를 위해 자연을 파괴하고 오염시킨다. 그러나 지금 우리가 자연의 파괴와 오염을 막지 못하면 우리 후손은 생존을 위해 이 문제와 싸우며 우리를 원망하게 될 것이다. 하지만 인간의 행복과 구원을 위해 존재한다는 세계의 고등종교 가운데 이 문제를 심각하게 고민하며 적극적으로 대처하는 종교는 그리 많지 않다.

∞ 신이 인간에게 자연을 맡긴 이유

아시시의 성자 프란치스코의 일화 가운데 이런 이야기가 전해온다. 그가 살고 있던 동네에서 가축들이 자꾸 죽어나갔다. 늑대가 산에서 내려와 가축들을 잡아먹은 것이다. 동네 사람들이 늑대를 죽일 계획을 세우자 프란치스코가 반대하고 나섰다. 그는 "죽이기 전에 나에게 기회를 주십시오. 내가 실패하면 그때는 여러분 마음대로 해도 좋습니다"라고 주민들을 설득했다. 프란치스코는 기도를 하고 산으로 올라갔다. 며칠 후 프란치스코의 뒤를 따라 늑대가 산에서 내려왔다. 늑대는 양같이 순해졌다. 프란치스코는 그때 이래로 늑대와 함께 살았으며, 늑대를 "내 친구, 내 형제"라고 불렀다고 한다.

그리스도교의 신은 자신을 닮은 인간이 자신을 대신해서 자연을 잘 가꿀 것을 기대했다. 그래서 자연을 다스릴 권리를 인간에게 위임해주었다. 인간은 신의 대리자로서 신의 뜻대로 자연을 관리해야 할 의무와 권리를 받았다. 그러나 불행하게도 인간은 신의 의도대로 자연을 가꾸고 보존한 것이 아니라 자기 마음대로 파괴하고 착취했다.

예수는 비유를 통해 위임받은 관리자가 주인의 뜻을 거슬러 종들을 착취할 때 어떤 벌을 받게 되는지 설명해주었다. 어느 날 주인이 멀리 여행을 가게 되었다. 주인은 평소 신임하던 관리자에게 재산을 잘 관리하고 종들에게 적합한 일을 시키도록 모든 일을 위임했다. 그런데 주인이 없는 동안 관리자는 마치 그 집 재산이 모두 자기 것인 양 탕진하며 종들을 학대했다. 후에 주인이 돌아오니 집은 엉망이 되었고 종들은 학대받아 지쳐 있었다. 주인은 즉시 그 관리자를 쫓아내었다.

신이 인간에게 자연을 관리할 권리를 위임해준 것은 '신의 대리자'로서 창조 질서를 보존하라는 것이지 자연을 마음대로 파괴하며 착취해도 된다는 뜻이 아니다. 인간이 신에게 위임받은 권리와 의무를 옳게 행사하지 않는 것은 신에 대한 중대한 도전이다. 신은 그 책임을 엄중하게 물을 것이다.

일부 종교인은 어차피 지구는 종말을 맞게 되고 새로운 세계가 열릴 것이므로 자연 보전이나 사회의 문제에 관심을 갖기보다 개인의 구원에 역점을 두어야 한다고 생각한다. 물론 한 사람 한 사람이 종교를 갖고 구원을 바라며 새로운 삶을 사는 것은 좋은 일이다. 그러나 개인의 구원에 대한 강조가 사회나 자연에 대한 책임 회피로 나타난다면 그 신앙은 조화를 이루지 못한 절름발이 신앙이 될 것이다. 그러므로 종교인은 종교적 기대나 희망이 현실 부정이나 책임 회피로 이어지지 않도록 주의해야 한다. 스피노자는 "내일 세상의 종말이

온다 하더라도 나는 오늘 사과나무 한 그루를 심겠다"고 말했다. 현
대인이 깊이 성찰해야할 현자의 고백이 아닐까?

3

미래를 위한 종교

∞ 사람 살리는 종교, 사람 잡는 종교

현대사회에도 종교는 필요한가? 이 질문에는 "과학이 이렇게 발달했으니 이제는 종교가 없어도 되지 않겠는가? 과학이 그 역할을 대신할 수 있지 않을까?"라는 의미가 담겨 있다. 현대인 중에는 종교의 가치를 인정하지 않는 사람이 많다. 종교가 현대인에게 크게 환영받지 못하는 이유는 종교가 마땅히 해야 할 역할, 즉 사람을 행복하게 하고 세상을 아름답게 하는 역할을 하지 못하고 오히려 사회에 혼란을 주거나 개인의 삶을 희생시키기 때문이다.

지난 세기말 그리스도교 어느 선교 단체에서 "1992년 10월 28일에 예수님이 재림해 주님을 사모하는 신실한 사람들을 휴거(들려 올려

짐)시킬 것"이라고 주장했었다. 그 말을 믿은 많은 사람이 가출하거나 다니던 학교와 직장을 그만두고 선교회에서 공동생활을 했다. 우리 사회에 큰 파장을 일으킨 유명한 사건이었기에 방송국에서 그날의 모습을 생중계했다. 자정이 임박하자 교인들은 열광적으로 찬송과 기도를 했지만 아무 일도 없었다. 다음 날 새벽까지 광란 상태에서 기도하던 교인들은 가족의 손에 이끌려 집으로 돌아갔다. 그러나 그들의 가정은 만신창이가 되었고, 정신착란을 일으켜 정상적인 사회생활을 할 수 없게 된 사람도 많았다. 그들은 『성서』가 말하는 종말을 잘못 이해했던 것이다.

이처럼 한 시대를 마감하는 세기말에는 사이비 종교의 거짓 예언이 순진한 종교인을 유혹한다. 1990년대 중반 일본에서도 옴 진리교라는 종교 단체가 지하철에 사린 가스를 살포해 많은 사람을 다치게 했다. 우간다에서는 '신의 섭계 회복'이라는 종교의 신도 500여 명이 집단 자살을 하는 사건이 발생하기도 했다.

999년에도 비슷한 광풍이 유럽을 휩쓸었다. 세기말의 마지막 해, 마지막 날이 다가오자 종말론을 신봉하는 사람들은 「요한계시록」을 근거로 세상에 종말이 임박했다고 믿었다. '심판의 날'이 다가오자 생업을 팽개치고 교회에 재산을 기증하기도 했고 두려움에 자살하는 사람도 많았으며 예루살렘에는 순례자가 줄을 이었다. 그러나 12월 31일 밤 로마의 성 베드로 대성당 미사에서 아무 일 없이 1000년을 맞게 되자 종말론 해프닝은 막을 내렸다.

이처럼 우리가 사는 세상에는 종교가 사람을 행복하게 하기는커녕 '사람 잡는' 경우도 자주 볼 수 있다. 겉으로는 그럴듯하게 포장했지만 실제로는 사람들의 삶을 파괴하고 사회를 혼란하게 하는 사이비 종교 단체를 잘 구별해 사회에 뿌리내리지 못하게 해야 한다.

∞ 그리스도교 종말론의 참뜻

그러면 역사적으로 많은 문제를 야기한 그리스도교 종말론의 참뜻은 무엇일까? 예를 들어 생각해보자. 고등학교를 졸업하는 학생은 고등학교 과정의 종말을 경험한다. 다시는 그 세계로 돌아갈 수 없다. 지금까지의 세계는 추억 속에서나 간직할 수 있는 과거의 세계가 되

미켈란젤로의 〈최후의 심판〉. 『성서』가 말하는 종말론의 참뜻은 파멸이 아니라 보다 높은 차원의 새로운 세계로 진입하는 것이다.

고, 어쩔 수 없이 그 세계와 헤어져야 한다. 고등학교에 향수와 미련, 애정이 있다고 언제까지나 고등학생으로 남아 있고자 한다면 그것은 매우 슬프고 어리석은 일이다. 고등학교 과정을 마치는 것은 파멸이 아니라 대학교 진학 또는 사회 진출이라는 한 차원 높은 세계로 들어 가기 위한 긍정적인 것이다.

그리스도교에서 말하는 종말은 이와 같다. 파멸이 아니라 보다 차 원 높은 새로운 세계로의 진입이다. 그 세계를 『성서』는 '새 하늘과 새 땅'이라고 말한다. 악이 판을 치고 정의가 무시되며 서로 미워하고 해치는 기존의 질서는 종말하고 미움 대신 사랑이, 불평등 대신 정의가, 고통 대신 평화가 실현되는 새 하늘과 새 땅이 이루어진다는 것이다.

이런 의미의 종말이라면 반드시 이루어져야 할 것이다. 그리고 이런 의미에서 종교가 필요하다. 모순과 갈등으로 얼룩진 역사에 종말을 고하고, 과거의 질곡을 넘어 새로운 세계, 살기 좋은 세상, 사람을 행복하게 하는 사회를 이룩하기 위해 현대사회에도 여전히 종교가 필요하다.

∞ 재물과 종교

급변하는 현대사회에서 종교가 감당해야 할 일은 매우 많다. 과학이 자체적으로 윤리성을 갖기 어려우므로 종교가 윤리적으로 조언하고 협조해 인류의 발전에 공헌할 수 있도록 동반자 역할을 해야 한다. 경제적으로도 소수 엘리트 집단의 이익을 위한 경제로 치우치지 않도록 약자 편에 서서 돕고 조언해 상생의 길을 도모해야 한다. 약자에게 정치적 폭력이 가해지지 않도록 감시하고 고발하며 서민이 잘 살 수 있도록 돕는 일, 비윤리적이고 사람의 심성을 파괴하는 문화적 과격성을 견제하는 일, 지구 마을의 환경을 보전해 살기 좋은 미래를 후손에게 넘겨주도록 계몽하는 일도 해야 한다.

그러나 무엇보다도 물질문명이 발달할수록 공허해지기 쉬운 사람의 마음에 따뜻하고 생기 있는 종교성을 심어주어야 한다. 사람다움의 의미를 찾고 사람과 세계의 연대 의식을 일깨워 행복하고 아름다운 세상과 사회를 건설하는 데 종교가 크게 이바지할 수 있다.

우리 사회에 "돈이면 다 된다"는 물질 만능 풍조가 넓게 퍼져 있다. 돈에 절대 가치를 부여하고 돈에 얽매여 자기 인생을 파멸로 몰아가거나 수단화하는 경향이 있다. 이런 현실에서 종교는 편향된 의식을 깨우고 진실한 행복이 무엇인지, 어떤 삶이 참으로 풍요로운지 가르쳐줄 훌륭한 교사가 될 것이다. 예를 하나 들어보자. 평생 예수의 가르침을 따라 살고자 했던 톨스토이는 「왕과 농부」라는 이야기를 남겼다.

어느 날 왕이 가난한 농부를 불러 이야기했다. "내일 아침에 해가 뜨면 네가 갖고 싶은 넓이의 땅을 표시해라. 그러면 그 땅을 모두 네게 주겠다. 면적을 만들지 못하면 무효다." 다음 날 아침이 되었다. 농부는 해가 뜨자마자 막대기를 들고 땅에 줄을 그으며 달리기 시작했다. 한나절만 고생하면 넓은 광야가 모두 자기 땅이 된다는 생각에 신이 나서 달리던 농부는 그만 무리했다. 결국 농부는 처음 시작하던 곳에 다다르지 못한 채 해가 서산으로 넘어가는 것을 보며 쓰러지고 말았다. 그리고 다시는 일어나지 못했다.

톨스토이는 왜 이 이야기를 남겼을까? 톨스토이는 이 농부처럼 자기 생명이 시들어가는 줄도 모르고 돈에 매여 살아가는 사람이 너무도 많다는 사실을 일깨워주고 싶었을 것이다. 톨스토이는 이런 말을 했다. "재물은 배설물과 같아서 그것이 쌓여있을 때는 냄새를 피우고 뿌려졌을 때는 땅을 기름지게 한다." 쌓아둔 배설물은 냄새나고 더럽다. 그러나 땅에 뿌려지면 천연 비료가 된다. 땅을 상하게 하지 않으면서 곡식과 채소를 잘 자라게 한다. 돈은 써서 뿌려지기 위해 존재하는 것이며, 쓰지 않고 모으기만 하면 냄새가 난다.

물론 종교인이 아니어도 이런 의식을 갖고 살아가는 사람은 얼마든지 있을 수 있다. 그러나 예수나 부처, 공자, 장자 등 성인의 가르침을 생활의 신조로 삼는 종교인들을 통해 명확하게 드러나기도 한다. 지구 마을 곳곳을 돌아다니며 굶주리고 헐벗은 이웃들을 먹여주고 입혀주는 자선단체가 거의 종교와 연관되어 있는 것도 이 때문이다. 현대사회에 종교가 꼭 필요한 이유는 이외에도 많다.

∞ 사람은 무엇으로 사는가?

빅토르 위고의 장편소설 『레 미제라블』의 주인공 장 발장은 빵을 훔친 혐의로 19년 동안 감옥살이를 하게 된다. 사람들이 서슬 시퍼런 법을 만든 이유는 "법 무서운 줄 알고 다시는 죄를 짓지 말라"는 뜻이었을 것이다. 그러나 혹독한 감옥 생활을 경험한 장 발장은 법의 준엄함을 깨달은 것이 아니라 사회에 대한 원망과 분노만 갖게 되었다.

장 발장과 자베르 경감. 빅토르 위고의 소설을 무대로 옮긴 뮤지컬 〈레 미제라블〉의 한 장면이다. 작은 죄로 긴 옥살이를 해야 했던 장 발장을 변화시킨 것은 사제의 너그러운 용서였다. 정의로웠으나 인간적이지 못했던 자베르 경감은 그런 변화를 이해하지 못해 번뇌한다.

잠자리를 제공해준 사제의 은혜를 원수로 갚은 장 발장은 성당 기물을 훔쳐 달아나다 경찰에 체포되어 다시 사제 앞에 끌려온다. 그러나 사제는 자기가 준 것이지 도둑맞은 것이 아니라고 장 발장을 변호한다. 뜻하지 않은 사제의 태도에 장 발장의 얼음장 같던 마음도 봄날에 눈 녹듯 풀어지기 시작한다. 장 발장은 새 삶을 시작하고 한 도시의 시장이 되어 시민들의 존경을 받았다.

이 소설에서 장 발장을 끝까지 쫓아다니는 자베르 경감은 죄를 지은 사람은 반드시 그 대가를 받아야 한다는 사명감에 불타는 사람이다. 그는 정의로웠지만 용서와 눈물을 모르는 비정한 사람이기도 했다. 자베르 경감은 전과자인 장 발장이 시장이 된 것은 법과 정의를 깨트리는 것이라고 판단해 그가 범죄자라는 증거를 찾기 위해 끈질기게 추적한다. 소설 종반부에 이르러 자베르 경감은 깊은 혼돈에 빠진다. 법과 정의를 최고의 가치로 여기며 살아온 자베르 경감의 시각에서 볼 때 장 발장은 경멸을 받아 마땅한 범법자였으나 그의 인품은 매우 고매했기 때문이다.

자베르 경감은 평생 법과 정의를 지켜온, 그러나 용서와 포용이 없는 자신의 얼음장같이 굳어진 마음과, 비록 범법자였지만 이웃과 사회를 따뜻한 사랑으로 감싸 안고 살아가는 장 발장 사이에서 생명처럼 고수해온 신념이 무너지는 아픔을 겪는다. 결국 자베르 경감은 그 혼돈을 수습하지 못한 채 차가운 강물에 몸을 던져 생을 마감한다. 법과 정의로 사회를 지킬 수는 있다. 그러나 따뜻한 사회를 만들기 위해서는 법과 정의만으로는 부족하다. 법과 정의의 기초 위에 사랑이 꽃필 때 비로소 살맛나는 사회, 아름다운 사회가 될 수 있다.

∞ 슈바이처 박사와 머더 테레사

슈바이처 박사가 피부색이 다른 아프리카인을 위해 평생 헌신할 수 있었던 정열은 어디에서 온 것일까? 그는 인도주의를 온몸으로 실천한 신학자요 목사였다. 그는 그리스도교 교리보다 예수의 정신을 중시했으며, 종교의 형식보다 사람을 있는 그대로 존중하는 참 종교 정신을 보여주었다.

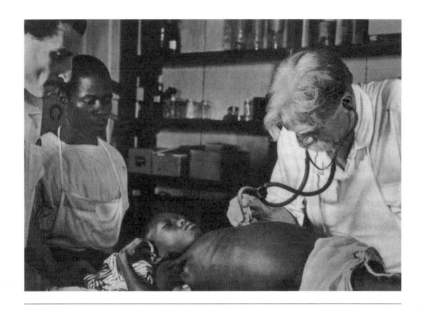

가봉 랑바레네 병원에서 진료하고 있는 슈바이처. 슈바이처는 아프리카의 흑인들이 의사가 없어 고통받는다는 사실을 알게 되자 의학을 공부한 후 아프리카로 건너가 병원을 개설하고 원주민 치료에 전념하여 '원시림의 성자'라고 불리었다. 종교적 신념은 그가 오래도록 아프리카에서 봉사할 수 있었던 중요한 원동력이었다.

슈바이처는 신앙을 통해, 피부 색깔이 다르고 문화도 다르지만 모든 사람을 '하느님의 형상(인격)대로 지음 받은 고귀한 인격체'로 보았다. 그런데 그 '고귀한 사람'이 어려운 여건에서 처절한 삶을 살고 있었다. 슈바이처는 그런 현실을 참을 수 없었다. "어찌 하느님의 아들딸이 그토록 비참하게 살 수 있다는 말인가? 그들은 존귀한 신의 자녀답게 살아야 한다. 그런데 그렇지 못하다. 그렇다면 내가 가서 그들을 섬기고 그들을 존귀한 삶으로 인도하리라." 그것이야말로 예수가 가르쳐준 인류 사랑의 정신이라고 생각했기 때문이다. 바로 그런 인류애가 그리스도교의 중심이라고 슈바이처는 확신했다.

　슈바이처가 그의 생을 마무리하고 하느님 품에 안길 즈음, 그와 같은 생각으로 인도의 오지를 찾아간 또 한 분의 성자가 있었다. 그는 갈아입을 여벌의 옷 외에는 갖고 있던 옷을 모두 가난한 이웃에게 나누어주었다. 얼마 안 되는 수녀의 월급을 털어 굶주리는 주변의 '예수 그리스도'들에게 먹을 것을 주었다. 그는 교리를 전하지 않았다. 다만 병들고 굶주린 사람을 모두 그가 섬겨야 할 예수 그리스도로 보았을 뿐이다. 그는 늘 "그들과 얼굴을 마주칠 때마다 그리스도의 얼굴을 보았으며, 매일 그들의 눈을 통해 그리스도를 만나보았다"고 고백했다. 사람들은 그를 머더 테레사라고 불렀다.

∞ 종교와 인간의 가치

　"사람은 신의 형상대로 지음 받았다"는 그리스도교 『성서』의 선언은 "사람이 곧 하늘"이라는 동학의 인내천 사상과 함께 인간의 존엄성이 무시되기 쉬운 현대사회에 꼭 필요한 가르침이다. 이 가르침은 인간은 조건이나 환경을 초월해 존재 자체로 무조건 귀하다는 결론에 이른다. 출생 신분이나 학벌 등 이른바 '스펙'으로 사람의 가치를 규정하는 현실 세계에서 인내천 사상이나 하느님 형상론은 인간의 존엄성을 되찾고 세상을 구원하는 큰 동력이 될 수 있다.

　물론 다른 신념 체계로도 인간의 존엄성을 실현할 수 있다. 그러나 외부 조건이나 환경의 간섭 없이 '사람에 대한 절대 긍정'이 종교적 사유 밖에서도 지속적이고 정열적으로 추진될 수 있을까? 추진될 수 있다 하더라도 과연 종교만큼 밀도 있게 추진될 수 있을까? 만약 슈바이처 박사와 테레사 수녀가 마음속에 예수를 품지 않았더라도 휴머니즘과 신념만으로 자기를 온전히 내어주며 헌신할 수 있었을까? 만일 간디에게 힌두교라는 깊고 심오한 종교적 심성이 없었다면, 이슬람교와 그리스도교를 아우르는 폭넓은 종교적 탐구심과 경외심이 없었다면, 과연 간디의 삶이 존재할 수 있었을까?

예수는 말했다. "너희가 내 말을 마음에 새기고 산다면 너희는 참으로 나의 제자다. 그러면 너희는 진리를 알게 될 것이며 진리가 너희를 자유롭게 할 것이다."(「요한의 복음서」 8:31-32) 종교를 통한 성인들의 가르침은 우리의 삶을 자유롭게 하고 신나게 한다. 우리의 삶과 세계를 파괴할 온갖 부조리에서 우리를 건져내어 진리 안에서 자유롭게 살 수 있도록 도와준다. 그것은 '구원'이라 부를만한 것이다.

'나의' 하느님을 찾아서

내가 만난 하느님

나는 대학교 2학년 때 '나의 하느님'을 만났다. 그냥 하느님이 아니라 '나의 하느님'이라고 말하는 이유는, 어느 누구도 신 또는 신적 존재나 질서를 객관적으로 인식할 수 없다고 생각하기 때문이다.

사람이 만나고 체험한 신은 그 사람이 주관적으로 인식한 신일 수밖에 없으며, 체험하고 인식한 신은 사람마다, 또한 종교 전통에 따라 달라질 수밖에 없다. 그러므로 내가 만난 하느님 역시 '절대 객관의 하느님'이 아니라 내가 인식한 '나의 하느님'일 수밖에 없다.

어린아이가 자라며 부모를 더욱 깊이 알아가듯 나 역시 세월이 흐르면서 자연스럽게 신에 대한 인식과 생각이 많이 달라졌다. 대학교에서 철학을 전공했던 나는 무신론에 매료되어 있었고 종교의 세계에 별 관심이 없었지만 그리스도교에는 약간 거부감이 있었다. 그러던 내가 그리스도교에 입문하게 된 것은 당시 만났던 그리스도인들의 따뜻한 배려와 그들이 살아가는 모습에 매력을 느꼈기 때문이었다.

하지만 따뜻한 사람들을 통해 만난 따뜻한 하느님과 예수님에 대한 첫 인상은 그리 오래가지 못했다. 막 입문한 그리스도교인에게 신앙 동아리에서 배운 그리스도교 교리는 너무 배타적이었기 때문이다. 반면에 '종교철학'이나 '인도철학' 등 철학과 수업을 통해 접한 이웃 종교는 의외로 너그러웠다.

당시 보고서를 작성하기 위해 읽은 『꾸란』 해설서에서 "너희의 종교는 진실로 하나이니라"라는 구절을 만났을 때의 충격과 당혹감은 지금도 생생하다. 내가 속했던 신앙 공동체는 이슬람을 사교로 배척했지만, 『꾸란』은 그리스도인을 경계하면서도 '경전의 백성'으로, 형제 종교인으로 어느 정도 인정하고 있었다. 『꾸란』에 담긴 내용이 그리스도교 『성서』보다 너그럽다고 느꼈을 때의 혼란과 두려움은 그리스도교에 막 입문한 20대 초반의 젊은이가 감당하기에는 너무 힘든 것이었다.

신학대학원에 진학해 이웃 종교도 그리스도교 못지않은 영적 매력으로 가득 차 있다는 것을 발견하면서 신에 대한 인식도 서서히 변하기 시작했다. 하지만 그 변화를 선뜻 받아들이기는 쉽지 않았다. 오랜 두려움과 망설임 끝에 한 걸음 한 걸음 옮겨갈 수 있었다.

신은 무자비한 살인자인가?

아래 문장들은 그리스도교 입문 초기에 만났던 『성서』 본문으로 나에게 감당하기 어려운 번민과 아픔을 안겨주었던 말씀들이다.

"한밤중에 야훼께서 이집트 땅에 있는 모든 맏이들을 모조리 쳐죽이셨다. 왕위에 오를 파라오의 맏아들을 비롯하여 땅굴에 갇힌 포로의 맏아들과 짐승의 맏배에 이르기까지 다 쳐죽이셨다.”(「출애굽기」 12:29)

“그 때 파라오가 우리를 내보내지 않으려고 고집을 부렸으므로 야훼께서는 이집트 땅에 있는 처음 난 것을 모조리 죽이실 수밖에 없었다. 사람뿐 아니라 짐승까지도 처음 난 것은 모조리 죽이셨다.”(「출애굽기」 13:15)

이 본문을 처음 만났을 때 나는 아직 ‘사실의 언어’와 ‘고백의 언어’의 차이를 이해하지 못하고 있었다. 마치 신문 기사처럼 기술된 『성서』는 머리와 가슴을 혼란과 당혹감으로 가득 채웠다. 자신이 택한 백성을 구원하기 위해서라지만, 파라오 한 사람의 고집을 꺾기 위해 이집트의 모든 맏아들을 죽이는 신을 어떻게 이해해야 할지 도무지 알 수가 없었다.

“야훼께서는 파라오로 하여금 또 고집을 부리게 하시었다”(「출애굽기」 10:27)는 문장은 가슴을 더욱 아프게 파고들었다. 파라오의 마음을 강퍅하게 만든 주체는 파라오 자신이 아니라 하느님이었다. 그렇다면 “파라오의 행위에 대한 책임은 누가 져야 하는 것일까?”라는 의문이 나를 집요하게 괴롭혔다.

나에게 기쁨을 주었던 그리스도교 신앙은 고통으로 바뀌었다. 예수께서 ‘하늘에 계신 우리 아버지’라고 부르도록 가르쳐주신 ‘따뜻한 나의 하느님’은 마음에서 사라졌다. 대신 파라오의 마음을 그렇게 조종해놓고는 신의 섭리에 거역할 능력이 없는 불쌍한 그에게 책임을 묻고 벌을 주는 '구약의 하느님'에 대한 혼란과 두려움이 내 마음을 가득 채웠다.

당시 『성서』를 통독해가던 나는, 모세가 레위 지파 사람들에게 살인 면허를 주어 자기 동족 3,000명을 몰살시켰다고 기록한 본문도 만날 수밖에 없었다. 하느님께서 자기 백성을 죽이라고 모세에게 명령한 이유는 금송아지 우상을 만들어 섬겼기 때문이라고 『성서』 본문은 전하고 있었다. 이렇게 당신의 명령에 순종하지 않으면 이방 민족뿐 아니라 자기 백성까지 잔혹하게 죽여버리는 '『성서』의 하느님'을 넘어, 희망과 빛을 주셨던 '나의 하느님'을 다시 찾기까지는 적지 않은 시간이 필요했다.

내 아버지는 산보다 크다

어렸을 때 내 아버지는 산보다도 크신 분이었다. 그때의 아버지는 늘 고개를 꼿꼿이 쳐들고 올려보아야 겨우 얼굴을 볼 수 있는 분이었다. 멀리 보이는 산은 그렇게 고개를 쳐들지 않아도 볼 수 있었다. 원근의 개념이 형성되기 전의 어린 내게 아버지는 산보다 크신 분이었다.

하지만 그런 체험과 고백이 객관적 사실과 다르다는 것을 알기까지는 그리 오랜 시간이 걸리지 않았다. 어느덧 내가 아버지보다 커졌기 때문이다. 알고 보니 아버지는 그렇게 크신 분도 아니었지만 그리 멋진 분도, 너그러우신 분도 아니었다. 어느덧 내 앞에는 어린 시절의 슈퍼맨 아빠는 사라지고 세월에 지친 초라한 노인이 다가와 있었다.

그래도 아버지는 여전히 아버지셨다. 키로 잴 수 없는 깊음을 간직

한 분이며, 객관적으로는 설명할 수 없는 독특하고 유일한 분이었다. 세상을 떠나신 지 이미 10년이 흘렀지만 그분은 여전히 내 마음속에 살아 숨 쉬며 늘 나와 동행하는 영원한 아버지시다.

『성서』에서 신은 자신의 백성을 돌보기 위해 친히 행동에 나섰다. 이스라엘 민족을 이집트의 압제에서 구원했고 홍해를 갈랐으며 낮에는 구름 기둥으로 밤에는 불 기둥으로 인도했다. 하지만 현실 세계에서 그런 기적은 일어나지 않는다. 『성서』의 예수와 베드로처럼 믿음으로 물 위를 걷겠다고 시도하다 익사한 사람은 있지만, 실제로 물 위를 걸은 사람은 없다. 사람이 아무런 장비 없이 맨 몸으로 물 위를 걷는다거나, 생선 두 마리와 빵 몇 개로 수천 명이 배불리 나누어 먹는 등 자연법칙을 거스르는 기적은 현실 세계에서는 결코 일어나지 않는다.

해마다 발생하는 자연재해 앞에 인간은 너무나 무력하다. 그때 신은 무엇을 하고 있었던 것일까? 자연은 자체의 법칙에 따라 움직이며 자연재해 또한 그러하다. 하지만 『성서』의 예수('『성서』의 예수'라는 표현을 쓰는 것도 '『성서』의 예수'와 '실제 예수'는 다를 수 있기 때문이다)는 "하느님께서 허락하시지 않으면 참새 한 마리도 땅에 떨어지지 않는다"고 했다. 그렇다면 수많은 생명을 순식간에 앗아가는 자연재해도 하느님의 허락 없이는 일어날 수 없는 일이 된다.

그렇다면 수천수만의 무고한 생명이 희생되는 자연재해를 '너무나 자주 허락'하시는 하느님을 우리는 어떻게 이해해야 할까? 그 재앙들을 허락할 뿐 아니라, 수많은 사람이 희생되어도 손가락 하나 까딱하지 않는 신을 여전히 사랑의 하느님이라고 고백해도 되는 것일까? 만일 하느님이 손을 '쓰시지 않는' 것이 아니라 '쓰시지 못하는' 것이라면 그 하느님을 전지전능하신 하느님이라고 고백해도 되는 것인가?

이쯤 되면, 현실 세계와는 너무나 동떨어진 『성서』의 기록을 당연히 의심해야 되는 것이 아닌가? 어쩌면 실제 하느님은, 그 옛날 『성서』의 기록자들이 인식하고 고백했던 하느님과는 달리, 우리의 생사화복生死禍福에 일일이 관여하지 않는 분이 아닐까? 어쩌면 실제의 하느님은, 우리의 기도를 일일이 들어주는 인격적인 하느님이 아닐 수도 있지 않을까? 그렇다면 논리적으로도 모순투성이인 『성서』의 문구와 오래된 교리를 억지로 붙들고 있는 것보다, 열린 마음으로 이웃 종교의 견해에도 귀를 기울이는 것이 어떨까?

그리스도교 신앙에 힘이 된 부처님의 가르침

지금은 이렇게 독자들과 자유롭게 소통하고 있지만, 12년 전까지만 해도 나는 위선적인 종교인이었다. 다원주의 신앙을 감추고 살았기에 내 인생에 떳떳하지 못했다. 신학대학원에 입학할 때도, 목사 안수를 받을 때도, 나의 하느님 앞에 부끄럽지 않게 살겠다고 다짐했지만 그렇게 살지 못했다. 배타적 교리에 바탕을 둔 종교교육이 옳지 않다고 생각하면서도 정직하게 말하고 행동하지 못했다.

2004년, 나는 한 고등학생이 외친 '학교 내 종교 자유를 위한 저항 사건(이른바 강의석 사건)'으로 20년간 몸담았던 교단(대한예수교장로회 통합)과 학교(대광고등학교)를 떠나야 했다.

당시 해당 학교의 교목실장이었던 나는 "종교 예식을 강요하지 말고 선택권을 달라"고 외치는 제자의 편에 섰다가 교단과 학교와 대치하게 되었다. 학교와 타협하고 교단의 뜻을 따른다면 그때까지 누렸던 사회적 지위와 경제적 안정이 보장될 것이었다. 하지만 위선적인 삶을 계속 살아야 했다.

결국 나는 자유와 양심을 택했다. 그리고 지난 12년간 다양한 경험을 하며 살아왔다. 고생도 많이 했지만 이제 나는 하느님 앞에 크게 부끄럽지는 않다. 감히 윤동주 시인처럼 "하늘을 우러러 한 점 부끄러움 없이"라고 말은 못하겠지만 그래도 "크게 부끄럽지는 않다"라고는 자신 있게 말할 수 있게 되었다.

이런 자유와 마음의 여유를 누릴 수 있게 도와주신 후원자 이용진 선생을 잊을 수 없다. 지면을 빌려 감사의 말씀을 드리고 싶다. 이용진 선생의 도움이 없었다면 나는 벌써 집필을 포기했을지도 모른다.

존경하는 이웃 종교들의 다양한 가르침은 내 신앙의 의미를 되찾는 데 큰 도움을 주었다. 특히 불교에 마음 깊이 감사한다. 부처님의 가르침이 없었다면 나는 그리스도교 신앙을 버렸을지도 모른다.

교양으로 읽는 세계종교

ⓒ 류상태, 2017

초판 1쇄 2005년 12월 28일 펴냄
개정 1쇄 2017년 1월 12일 펴냄
개정 2쇄 2020년 9월 10일 펴냄

지은이 | 류상태
펴낸이 | 강준우
기획·편집 | 박상문, 박효주, 김환표
디자인 | 최진영, 홍성권
마케팅 | 이태준
관리 | 최수향
인쇄·제본 | 대정인쇄공사

펴낸곳 | 인물과사상사
출판등록 | 제17-204호 1998년 3월 11일

주소 | (04037) 서울시 마포구 양화로 7길 6-16 서교제일빌딩 3층
전화 | 02-325-6364
팩스 | 02-474-1413

www.inmul.co.kr | insa@inmul.co.kr

ISBN 978-89-5906-428-1 03200

값 15,000원

이 도서의 국립중앙도서관 출판시도서목록(CIP)은 서지정보유통지원시스템 홈페이지
(http://seoji.nl.go.kr)와 국가자료공동목록시스템(http://www.nl.go.kr/kolisnet)에서
이용하실 수 있습니다. (CIP제어번호: CIP2016032102)